Impressum
Verlag: BABADADA GmbH, Nedderfeld 112 , 22529 Hamburg
Geschäftsführer / Verlagsleitung: Harald Hof
Druck: Books on Demand GmbH, In de Tarpen 42, 22848 Norderstedt

Imprint
Publisher: BABADADA GmbH, Nedderfeld 112 , 22529 Hamburg, Germany
Managing Director / Publishing direction: Harald Hof
Print: Books on Demand GmbH, In de Tarpen 42, 22848 Norderstedt

koulu
duɗal

luokkahuone
suudu jangirdu
jakaa
feccude
186/2
taulu
ɓalal binndi
koulunpiha
hakkunde ekkol
opettaja
janginoowo
paperi
kaayit
kirjoittaa
windude
kynä
kuɗol
kirjoituspöytä
biro
viivoitin
reegal
kirja
deftere
oppilas
almuudo

reppu

kartaabal

penaali

moftirdo kereyonji

lyijykynä

kereyo

kynänteroitin

ceeɓnirgel kereyon

pyyhekumi

momtirgel

piirustuslehtiö

alluwal ciifirgal

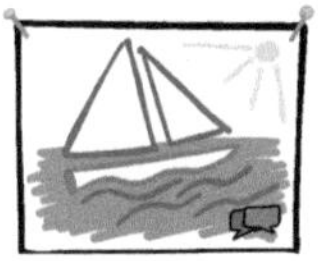

piirustus

ciifgol

pensseli

limsere pentirteeɗo

vesivärit

suwo pentirɗo

sakset

sisooji

liima

ɗakkorgal

harjoituskirja

deftere ekkorgal

kotitehtävä

golle jannde

12

luku

niimara

2+2

lisätä

ɓeydude

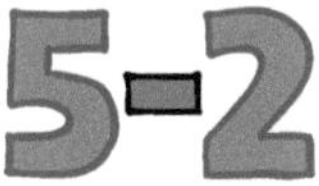
5-2

vähentää

ustude

2×2

kertoa

ɓeydude keeweendi

42

laskea

qimaade

A

kirjain

ɓataake

ABCDEFG
HIJKLMN
OPQRSTU
VWXYZ

aakkoset

karfeeje

hello

sana

kongol

teksti

bindol

lukea

jangude

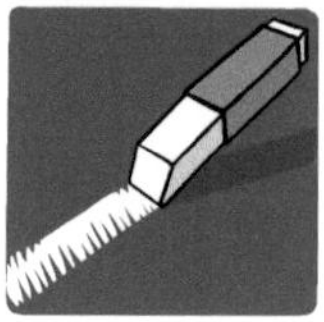

liitu

bindirgal

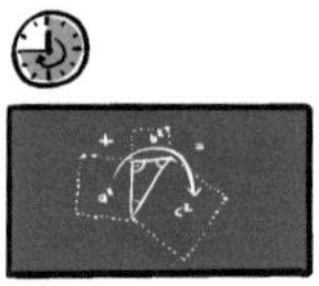

oppitunti

darsu

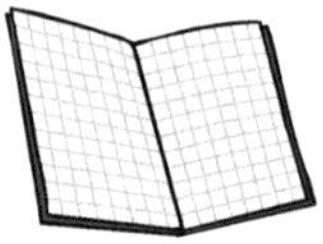

opettajan muistikirja

winditaade

koe

egsame

todistus

sartifika

koulupuku

comcol duɗal

koulutus

janŋde

sanakirja

ansikolopedi

yliopisto

duɗal jaaɓi haɗtirde

mikroskooppi

mikoroskop

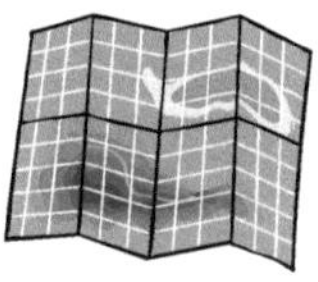

kartta

kartal

roskakori

suwo kurjut

Grand
hotelli
otel
retkeilymaja
obers
ROOMS
rahanvaihto
nokku beccugol e neldugol
matkalaukku
waxannde
auto
oto

kieli

ɗemngal

kyllä / ei

Eey / ala

selvä

Moƴƴi

hei

mbaɗɗa

tulkki

pirtoowo

kiitos

A jaraama

Paljonko...maksaa?

no foti…?

en ymmärrä

Mi faamaani

ongelma

hanmi

Hyvää iltaa!

Jam hiri!

Hyvää huomenta!

Jam waali!

Hyvää yötä!

Mbaalen e jam!

näkemiin

ñande woɗnde

suunta

laawol

matkatavarat

bagaas

laukku

saawdu

reppu

saawdu wambateendu

vieras

koɗo

huone

suudu

makuupussi

njegenaaw

teltta

caalel ladde

turisti-info

kabaruuji tuurist

ranta

tufnde

BANK XY

luottokortti

kartal banke

aamupala

kacitaari

lounas

bottaari

päivällinen

hiraande

matkalippu

biye

hissi

suutde

70

postimerkki

tampon

raja

keerol

tulli

duwaan

suurlähetystö

ambasad

viisumi

wiisa

PASSPORT

passi

paaspoor

kuljetus
taraspoor

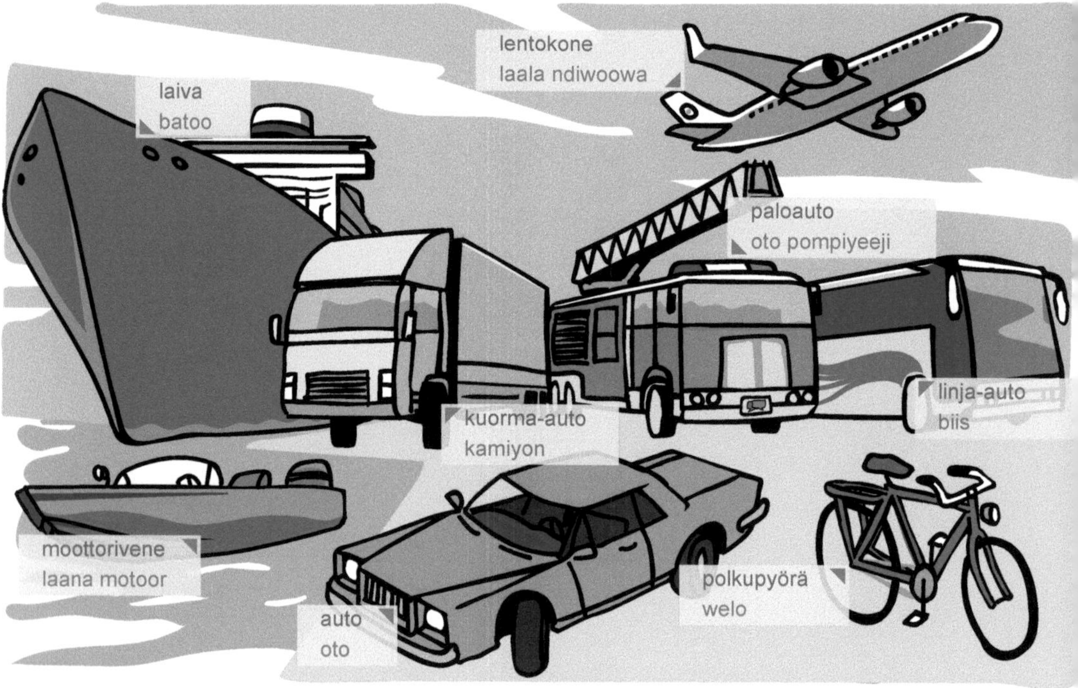
lentokone
laala ndiwoowa
laiva
batoo
paloauto
oto pompiyeeji
linja-auto
biis
kuorma-auto
kamiyon
moottorivene
laana motoor
polkupyörä
welo
auto
oto

lautta

batoo

vene

laana

moottoripyörä

welo

poliisiauto

oto polis

kilpa-auto

oto dogirteeɗo

vuokra-auto

oto luwateeɗo

car sharing

dendugol oto

hinausauto

oto dandoowo goɗɗo

roska-auto

oto kurjut

moottori

motoor

polttoaine

karbiran

huoltoasema

nokku esaans

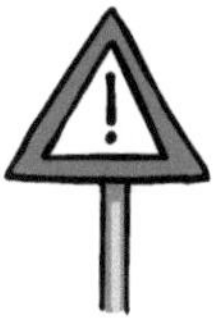

liikennemerkki

tintinooje yaangarta

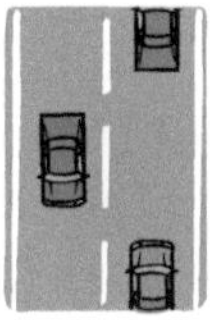

liikenne

yaa ngarta

ruuhka

jiiɓo yaa ngarta

parkkipaikka

dingiral otooji

rautatieasema

dingiral laana leydi

raiteet

laaɓi

juna

laana leydi

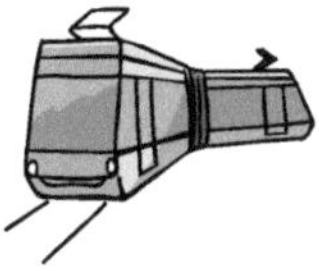

raitiovaunu

laana ndegoowa

vaunu

saret

helikopteri

elikopteer

lentokenttä

ayrepoor

lähilennonjohto

tuur

matkustaja

wonɓe e laana

kontti

konteneer

pahvilaatikko

karton

kärryt

duñirgel kaake

kori

basket

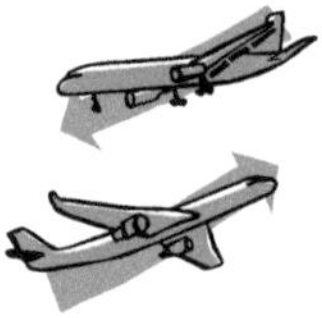

nousta / laskea

diwde / juuraade

kaupunki

wuro mowngu

kylä

wuro

keskusta

hakkunde wuru wowngo

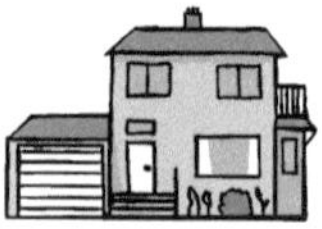

talo

galle

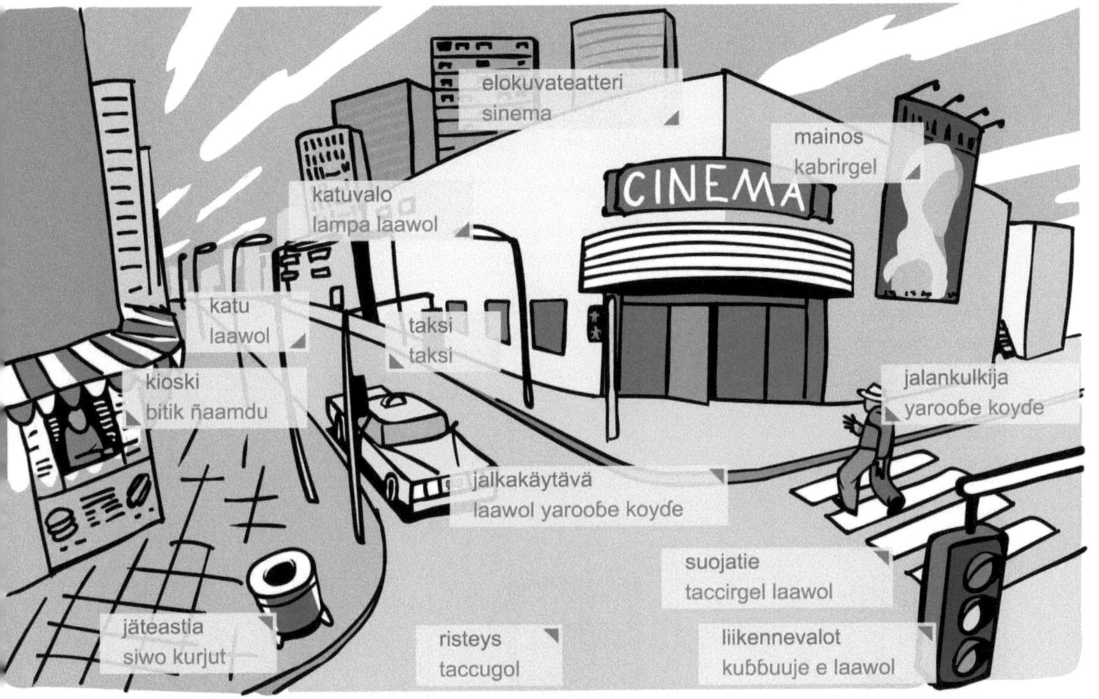
elokuvateatteri
sinema
mainos
kabrirgel
CINEMA
katuvalo
lampa laawol
katu
laawol
taksi
taksi
kioski
bitik ñaamdu
jalankulkija
yarooɓe koyɗe
jalkakäytävä
laawol yarooɓe koyɗe
suojatie
taccirgel laawol
jäteastia
siwo kurjut
risteys
taccugol
liikennevalot
kuɓɓuuje e laawol

mökki

tiba

kerrostalo

ko foti

rautatieasema

dingiral laana leydi

kaupungintalo

meeri

MUSEUM

museo

miise

koulu

duɗal

yliopisto

duɗal jaaɓi haɗtirde

BANK

pankki

·banke

sairaala

suudu safirdu

hotelli

otel

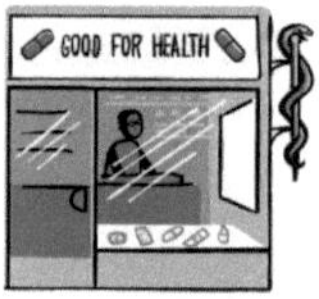
GOOD FOR HEALTH

apteekki

farmasi

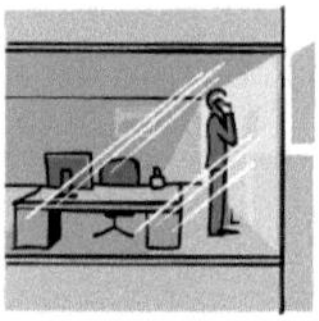

toimisto

gollirgal

BOOKS
B

kirjakauppa

suudu defte

liike

bitik

FLOWERS

kukkakauppa

jeyoowo fuloraaji

S

supermarketti

sipermarse

tori

jeere

tavaratalo

madase mawɗo

FISH

kalakauppias

jeyoowo liɗɗi

ostoskeskus

nokku coodateeɗo

satama

poor

puisto

park

penkki

jooɗorgal

silta

taccirgal

portaat

ŋabbirɗe

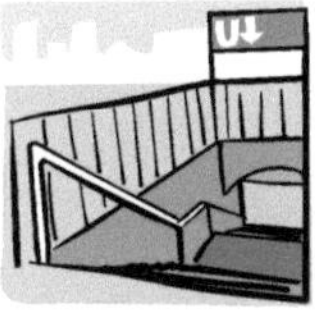
U

metro

laawol metero

tunneli

laawul les leydi

linja-autopysäkki

fongo biis

PHILLIES

baari

baar

CHEZ GERALD

ravintola

restora

postilaatikko

buwaat postaal

katukyltti

lewñowel laawol

parkkimittari

to otooji ndaroto

ZOO

eläintarha

nokku kullon

uimala

pisin

moskeija

jama

maatila

ngesa

ympäristön saastuminen

gakkingol hendu

hautausmaa

bammule

kirkko

egiliis

leikkikenttä

dingiral

temppeli

tampl

maisema
yiyande taariinde

lehti
baramlefol
tienviitta
tugayal tintinirgal
tie
laawol
niitty
Huɗo sukkuko
kivi
haayre
retkeilijä
ŋayloowo
puu
lekki
joki
maayo
ruoho
huɗo
kukka
fuloor

laakso

nokku kaaňe mawɗe to ndiyam dogata

vuori

waande

järvi

weedu

metsä

ladde

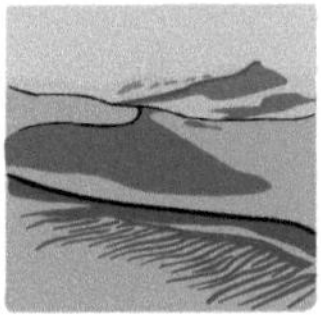

aavikko

ladde yoornde

tulivuori

wolkan

linna

satoo

sateenkaari

timtimol

sieni

sampiñon

palmu

leki palm

hyttynen

ɓowngu

kärpänen

diwde

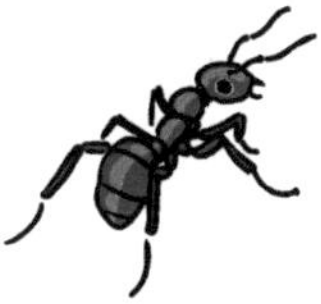

muurahainen

njabala

mehiläinen

mbuubu ñaak

hämähäkki

njabala

kovakuoriainen

hoowoyre keppoore

sammakko

faabru

orava

doomburu ladde

siili

sammunde

jänis

fowru

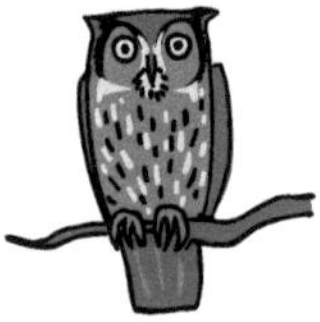

pöllö

pubbuɓal

lintu

colel

joutsen

kakeleewal ladde

villisika

mbabba tugal

peura

lella

hirvi

Nagge nde gallaɗi cate

pato

baraas

tuulimylly

masiŋel battowel hendu jeynge

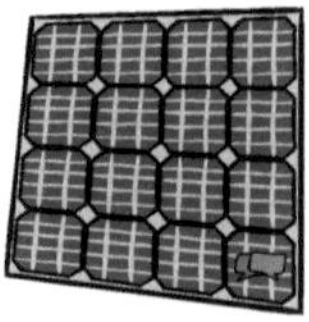

aurinkopaneeli

Lowowel nguleeki

ilmasto

kilima

tarjoilija
carwoowo
ruokalista
meni
tuoli
jooɗorgal
keitto
suppu
pitsa
pidsa
ruokailuvälineet
geɗe ñaamirteeɗe
pöytäliina
limsere taabal

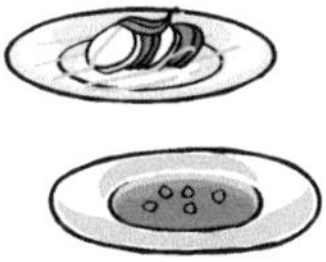

alkuruoka

tongitirgel

pääruoka

ñaamdu nguraandi

jälkiruoka

tuftorogol

juomat

njaram

ruoka

ñaamdu

pullo

butel

pikaruoka

fast fud

katuruoka

ñaamdu laawol

teekannu

baraade

sokeriastia

cupayel suukara

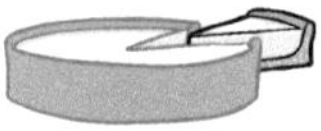

annos

geɗel

espressokeitin

Masinŋ kafe

syöttötuoli

jooɗorgal toowngal

lasku

biye

tarjotin

ñorgo

veitsi

paaka

haarukka

furset

lusikka

kuddu

teelusikka

nokkere kuddu

servietti

sarbet

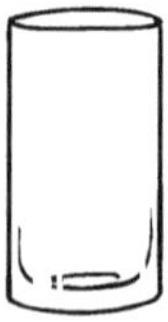

lasi

weer

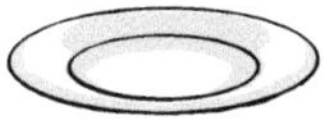

lautanen

palaat

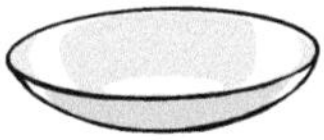

syvä lautanen

palaat suppu

aluslautanen

cupayel

kastike

soos

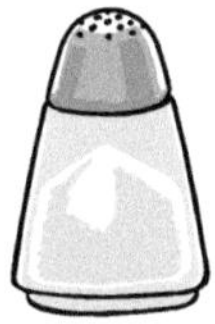

suolasirotin

pot lamɗam

pippurimylly

moññirgal poobar

etikka

bineegara

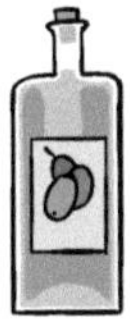

öljy

nebam

mausteet

kaaɗnooje

ketsuppi

ketsap

sinappi

muttard

MAYO

majoneesi

mayonees

supermarketti
sipermarse

tarjous
ngustugul coggu
FOR
asiakas
kiliyaan
maitotuotteet
kosameeje
hedelmät
ɓikkon leɗɗe
ostoskärryt
daasirgel

BUTCHERS

teurastamo

jeyoowo teew nagge

BAKERY

leipomo

juɗoowo mburu

punnita

ɓetde

kasvikset

lijim

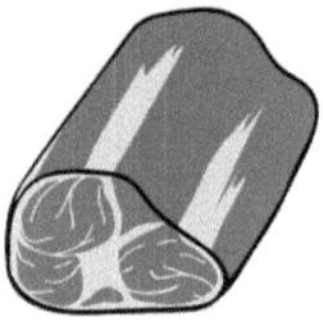

liha

teew

pakasteet

ñaamdu ɓumnaandu

leikkele

teew moftaaɗo

säilykkeet

ñaamdu nder buwat

Clean

pesujauhe

condi lawyirteendu

BON
BON

makeiset

bonboonji

kotitaloustarvikkeet

geɗe ngurdaaɗe

puhdistusaineet

porodiwiiji laaɓnirni

myyjä

julaaajo

kassa

haa

kassanhoitaja

kestotooɗo

ostoslista

limto coodateeɗi

OPEN

aukioloajat

waktuuji golle

lompakko

kalbe

BANK XY

luottokortti

kartal banke

kassi

saak

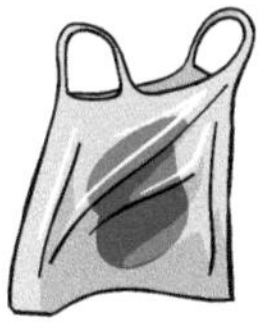

muovipussi

saak dalli

juomat
njaram

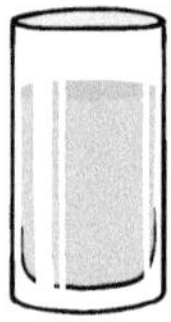

vesi

ndiyam

mehu

njaram

maito

kosam

kokis

ƴulmere

viini

sangara

olut

sangara

alkoholi

sangara

CACAO

kaakao

kakao

tee

ataaya

kahvi

kafe

espresso

kafe jon jooni

cappuccino

kafe italinaaɓe

ruoka
ñaamdu

banaani

banaana

omena

pom

appelsiini

oraas

meloni

dende

sitruuna

limonŋ

porkkana

karot

valkosipuli

laay

bambu

lekki bambu

sipuli

basalle

sieni

sampiñon

pähkinät

gerte

spagetti

espageti

spagetti

espageti

riisi

maaro

salaatti

salaat

ranskalaiset

firit

paistetut perunat

faatat cahaaɗo

pitsa

pidsa

hampurilainen

amburgeer

voileipä

sandiwis

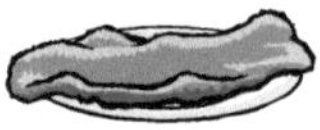

leike

buhal baddangal e lijim

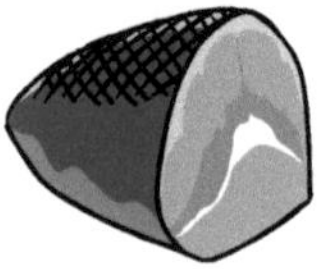

kinkku

buhal teew

salami

kaane biyeteeɗo sosison

makkara

sosis

kana

gertogal

paisti

defaɗum

kala

liingu

OATS

kaurahiutaleet

ndefu gabbe kuwakeer

MUESLI

mysli

njilɓundi aɓuwaan e gabbe goɗɗe

murot

kornfelek

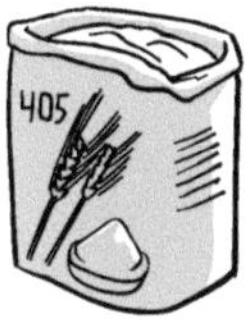
405

jauho

farin

voisarvi

kurwasa

sämpylä

pe o le

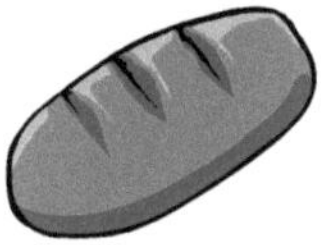

leipä

mburu

paahtoleipä

mburu juɗaaɗo

keksit

mbiskit

voi

nebam boor

rahka

kosam kaaɗɗam

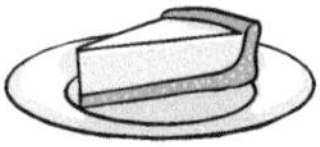

kakku

gato

kananmuna

ɓoccoonde

paistettu kananmuna

moccoonde fasnaande

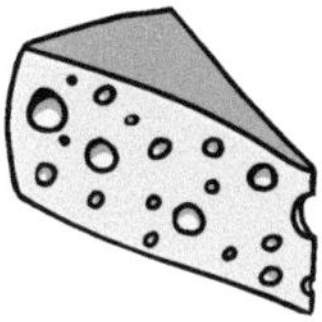

juusto

foromaas

jäätelö

kerem galaas

sokeri

suukara

hunaja

njuumri

hillo

teew nagge

suklaapähkinälevite

nirkugol sokkola

curry

suppu kaane

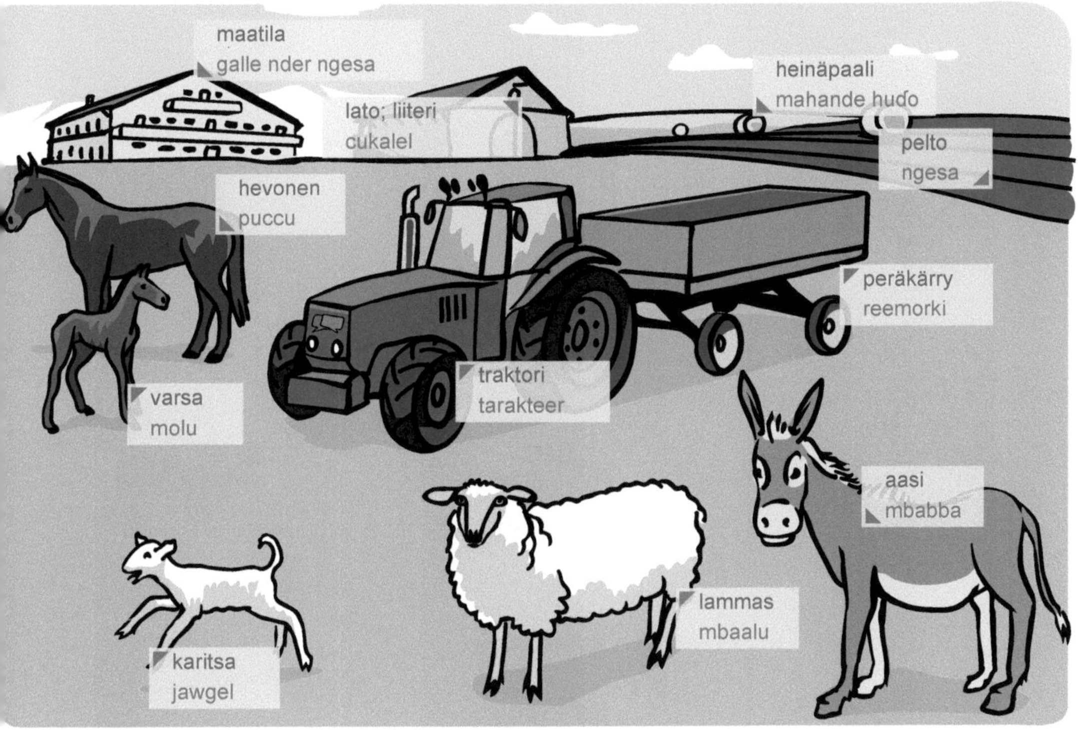

maatila
galle nder ngesa
lato; liiteri
cukalel
heinäpaali
mahande huɗo
pelto
ngesa
hevonen
puccu
peräkärry
reemorki
traktori
tarakteer
varsa
molu
aasi
mbabba
lammas
mbaalu
karitsa
jawgel

vuohi
ndamdi

lehmä
nagge

vasikka
mbeewa

sika
mbabba tugal

porsas
ɓingel mbabba tugal

sonni
ngaari ladde

hanhi

jarlal ladde

ankka

gerlal

tipu

cofel

kana

jarlal

kukko

ngori

rotta

doomburu

kissa

ullundu

hiiri

doomburu

härkä

nagge

koira

rawaandu

koirankoppi

nokku dawaaɗi

puutarhaletku

tiwo sardin

kastelukannu

doosirgal

viikate

wofdu mawndu

aura

masinŋ demoowo

sirppi

wofdu

kuokka

coppirgal

talikko

rato

kirves

hakkunde

kottikärryt

buruwet

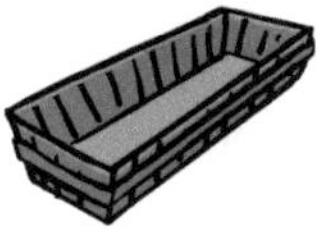

kaukalo

mbalka

maitokannu

kosam buwat

säkki

saak

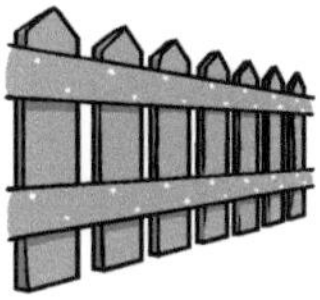

aita

kalasal galle

talli

nokku pucci

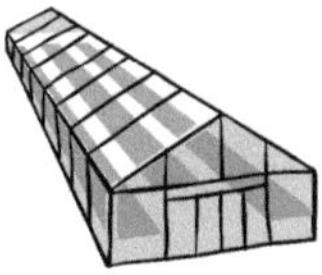

kasvihuone

inexistant

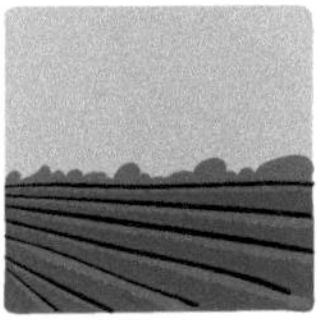

maa

leydi

siemen

abbere

lannoite

nguurtinooje leydi

leikkuupuimuri

masinŋ coñirteeɗo

kerätä sato

soñde

sato

soñde

jamssit

ñambi

vehnä

bele

soija

soja

peruna

faatat

maissi

maka

rypsi

abbere lekki kolsa

hedelmäpuu

lekki firwiiji

maniokki

ñambi

vilja

sereyaal

talo
galle

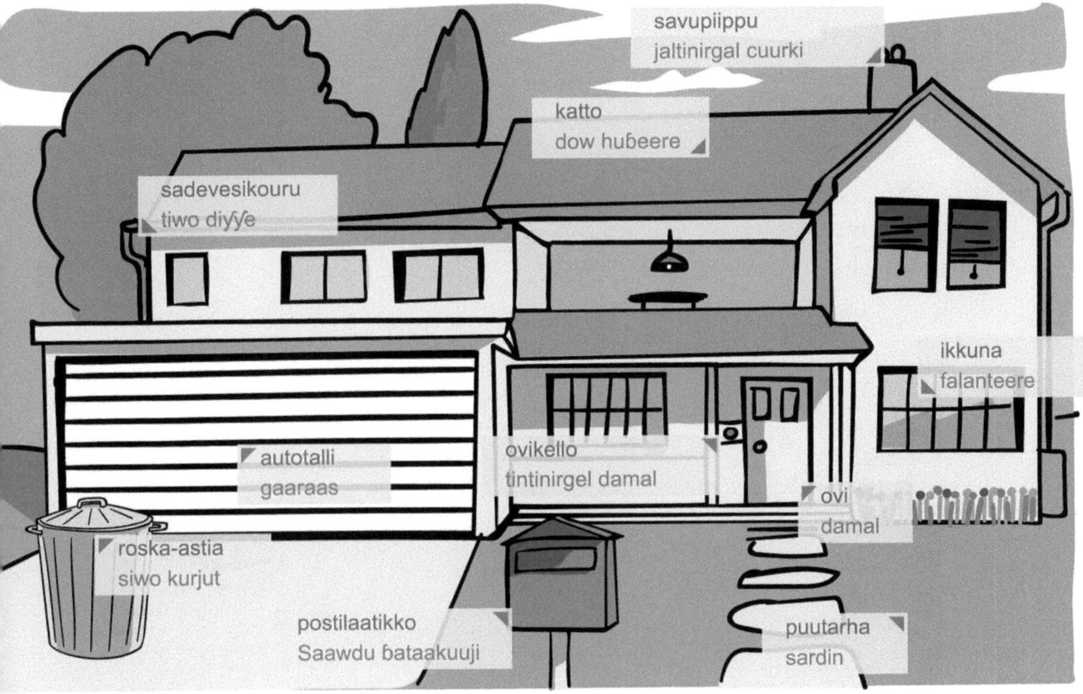
savupiippu
jaltinirgal cuurki
katto
dow huɓeere
sadevesikouru
tiwo diyƴe
ikkuna
falanteere
autotalli
gaaraas
ovikello
tintinirgel damal
ovi
damal
roska-astia
siwo kurjut
postilaatikko
Saawdu ɓataakuuji
puutarha
sardin

olohuone

suudu yeewtere

kylpyhuone

tarodde

keittiö

waañ

makuuhuone

suudu waalduru

lastenhuone

suudu sakaaɓe

ruokahuone

suudu hiraande

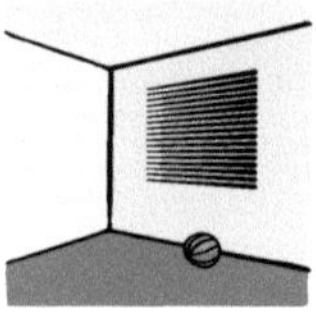

lattia

karawal

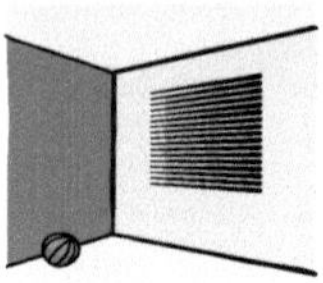

seinä

ɓalal

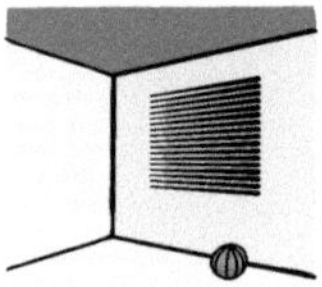

katto

asamaan suudu

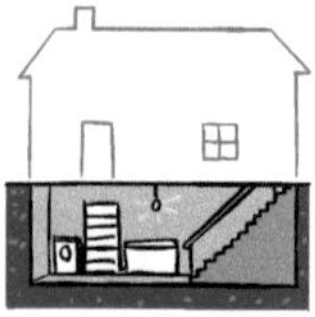

kellari

faawru

sauna

soona e ɗemngal farase

parveke

balko

terassi

teeraas

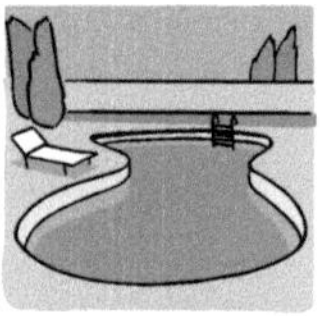

uima-allas

pisin

ruohonleikkuri

keefoowo huɗo

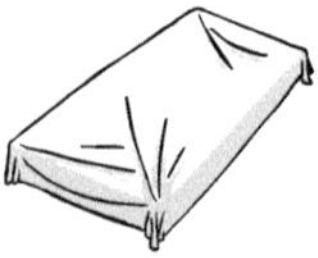

lakana

darap

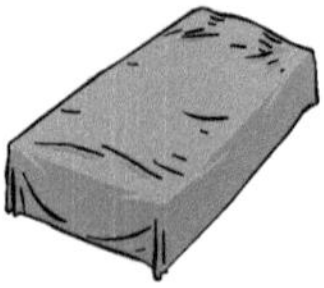

päiväpeitto

darap

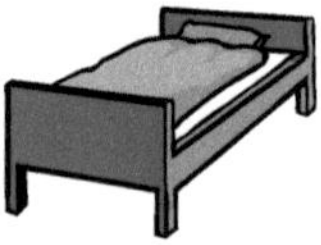

sänky

leeso

harja

pittirgal

ämpäri

suwo

katkaisin

ñifirgel

olohuone
suudu yeewtere

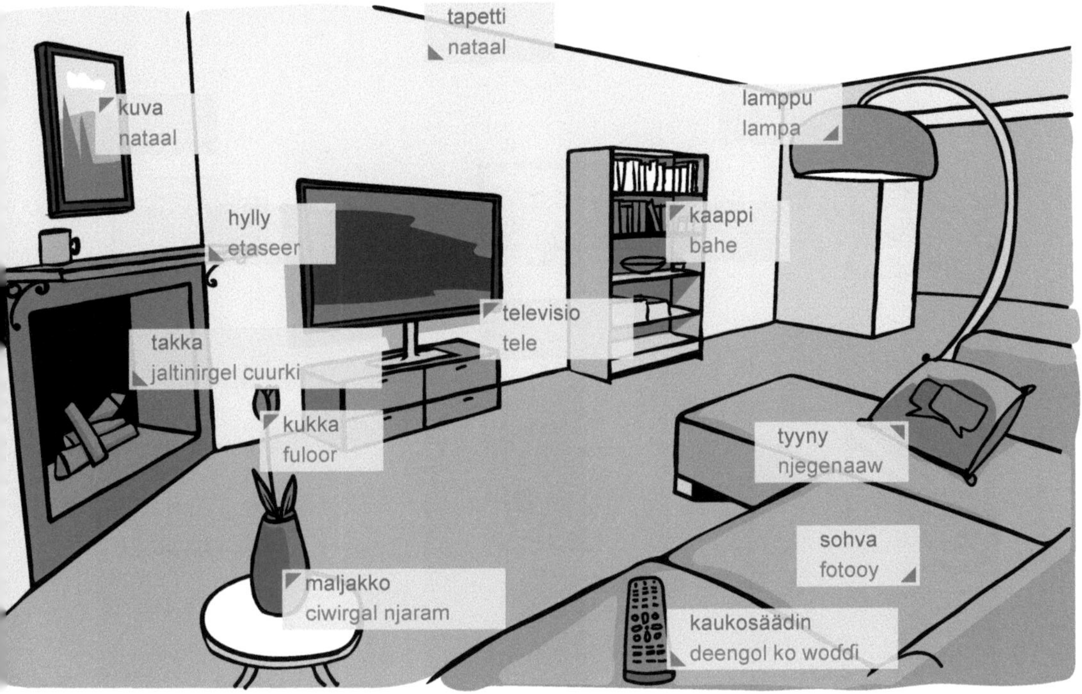

tapetti
nataal
kuva
nataal
lamppu
lampa
hylly
etaseer
kaappi
bahe
televisio
tele
takka
jaltinirgel cuurki
kukka
fuloor
tyyny
njegenaaw
sohva
fotooy
maljakko
ciwirgal njaram
kaukosäädin
deengol ko woɗɗi

matto

tappi

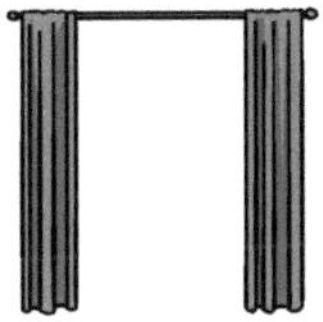

verho

rido

pöytä

taabal

tuoli

jooɗorgal

keinutuoli

jooɗorgal timmungal

nojatuoli

jooɗorgal tuggateengal

kirja

deftere

peitto

cuddirgal

koriste

jooɗnugol

polttopuut

leɗɗe kuɓɓateeɗe

elokuva

filmo

stereot

materiyel hi-fi

avain

coktirgal

sanomalehti

kaayit kabaruuji

maalaus

pentirgol

juliste

posteer

radio

rajo

muistivihko

teskorgel

pölynimuri

ɓoɗowel pusiyeer

kaktus

kaktis

kynttilä

sondel

keittiö
waañ

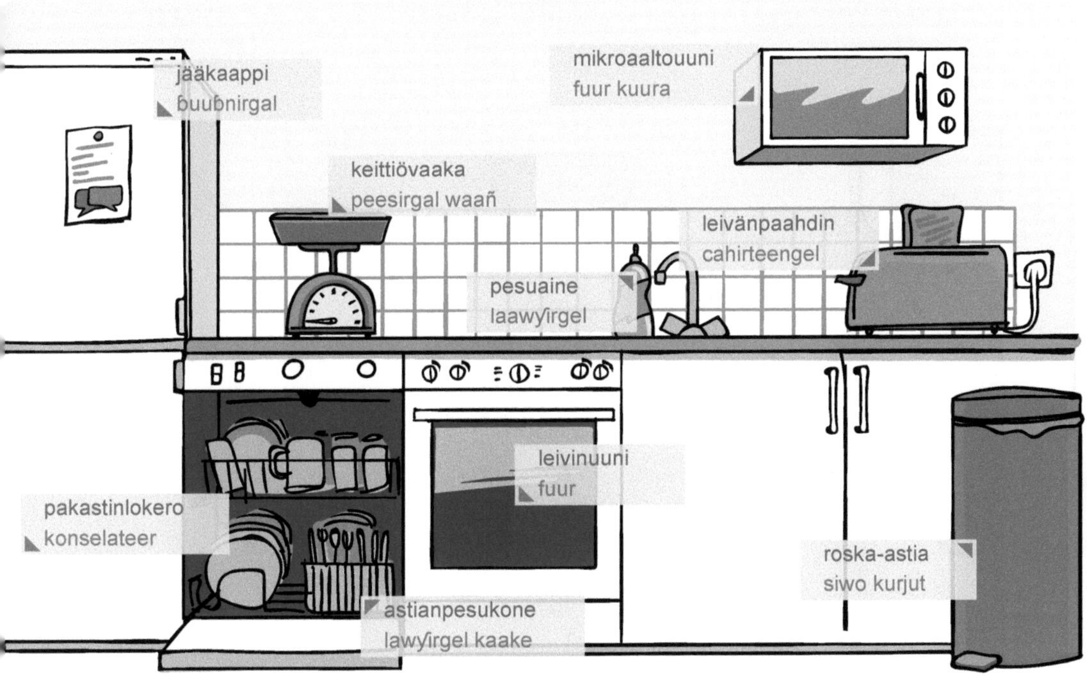
jääkaappi
buubnirgal
mikroaaltouuni
fuur kuura
keittiövaaka
peesirgal waañ
leivänpaahdin
cahirteengel
pesuaine
laawyirgel
leivinuuni
fuur
pakastinlokero
konselateer
roska-astia
siwo kurjut
astianpesukone
lawyirgel kaake

liesi

fuurno

kattila

pot

rautapata

barme

vokkipannu / kadai-pannu

kasorol

paistinpannu

kasorol

teepannu

satalla

höyrykeitin

suppere defirteende

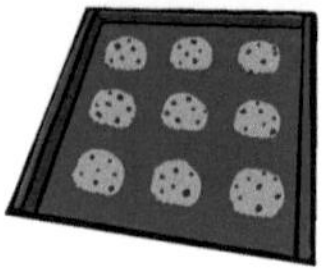

uunipelti

pool defirteeɗo

astiat

lawƴugol kaake

muki

pot jarduɗo

kulho

suppeere

syömäpuikot

ñiɓirgon ñaamdu

kauha

kuddu luus

paistinlasta

kayit ɗakirteeɗo

vispilä

iirtude

siivilä

ceɗirgel

siivilä

tame

raastin

keefirgel

mortteli

moññirgal

grilli

juɗgol

avotuli

jeyngol e henndu

leikkuulauta

coppirgal

kaulin

degnirgel ñaamdu feewnateendu

korkinavaaja

udditirgel butel

purkki

buwaat

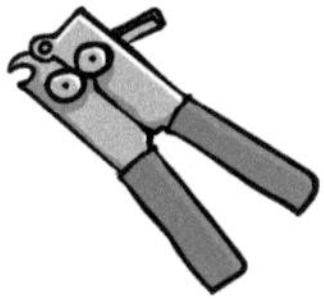

purkinavaaja

udditirgel buwat

pannulappu

nangirgel pot

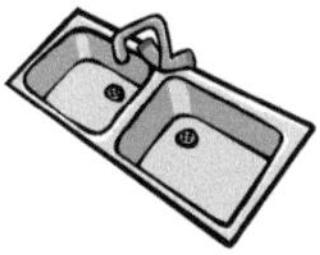

lavuaari

siimtude

tiskiharja

boros

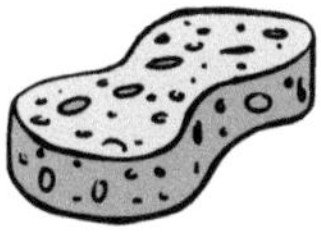

pesusieni

eppoos

tehosekoitin

jiiɓirgel

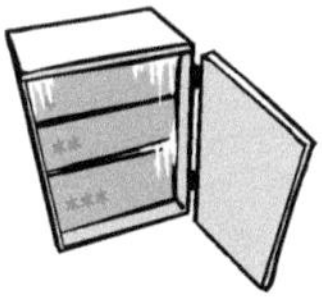

pakastin

battowel galaas

tuttipullo

jardugel tiggu

vesihana

robine

kylpyhuone
tarodde

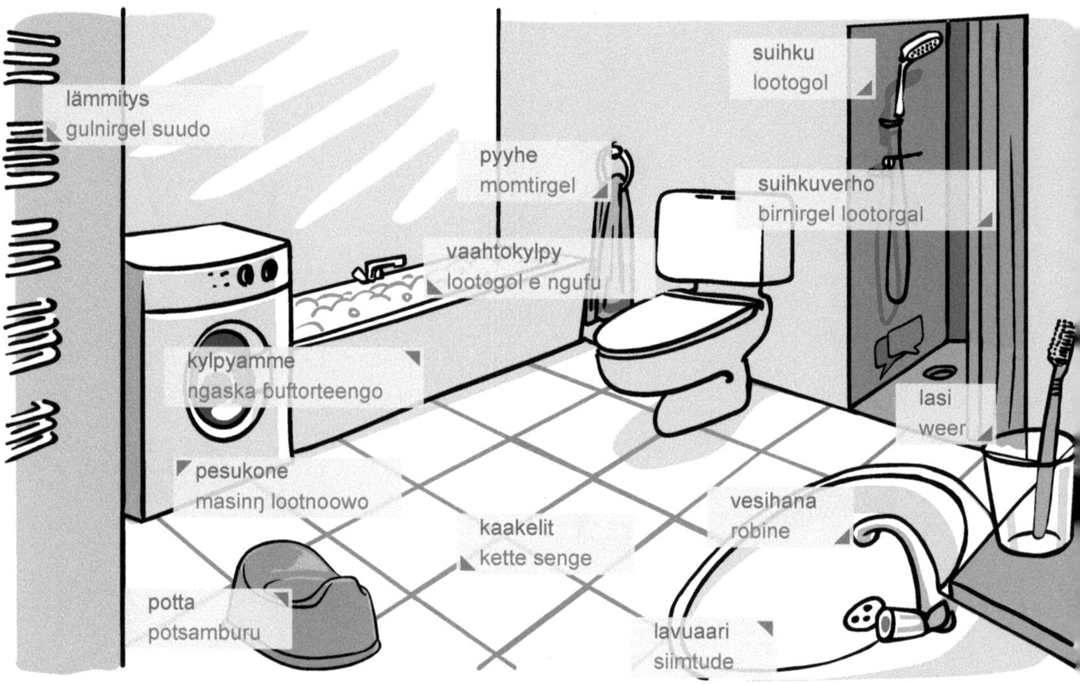

lämmitys
gulnirgel suudo
pyyhe
momtirgel
suihku
lootogol
suihkuverho
birnirgel lootorgal
vaahtokylpy
lootogol e ngufu
kylpyamme
ngaska ɓuftorteengo
lasi
weer
pesukone
masinŋ lootnoowo
vesihana
robine
kaakelit
kette senge
potta
potsamburu
lavuaari
siimtude

vessa
taarorde

kyykkyvessa
joɗorgal kuwirteengal

bidee
biisirgel ndiyam

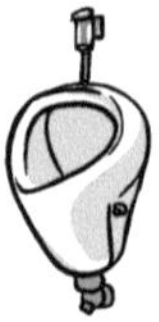

pisuaari
taarodde

vessapaperi
kaayit momtirɗo

vessaharja
boros taarorde

hammasharja

coccorgal ƴiiye

hammastahna

sabunde ƴiiye

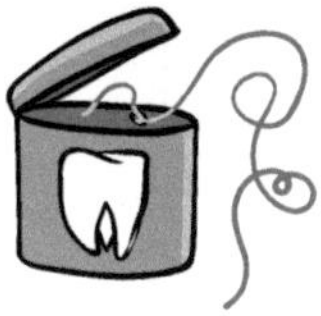

hammaslanka

gaarowol ñiire

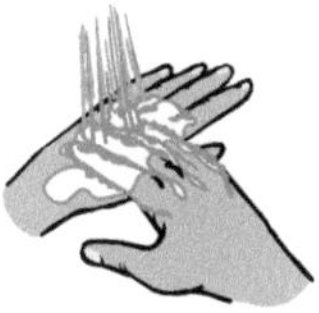

pestä

lawƴude

käsisuihku

ɓoggol lootirteengol

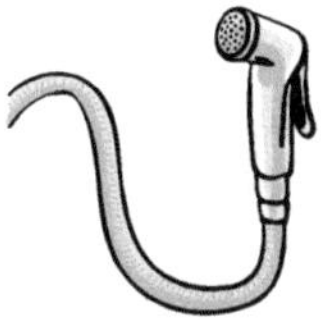

intiimisuihku

ɓuftogol

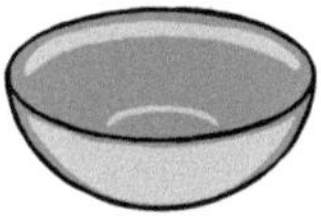

pesuvati

loowirteengel

selkäharja

demirgel huɗo

saippua

sabunnde

suihkugeeli

saabunde ɓuftorteende

shampoo

sampoye

pesulappu

limsere wiro

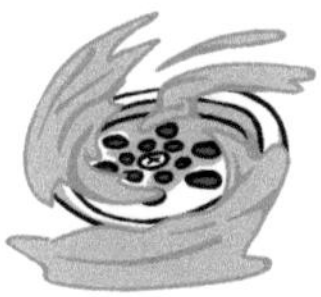

viemäri

ciiygol

voide

kerem

deodorantti

uurnirgel

peili

daandorgal

käsipeili

daandorgal pamoral

partaveitsi

pembirgel

partavaahto

ngufu pembol

partavesi

moomiteengel pembol

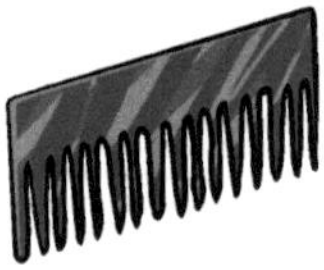

kampa

yeesoode

harja

boros

hiustenkuivaaja

joornirgel sukunndu

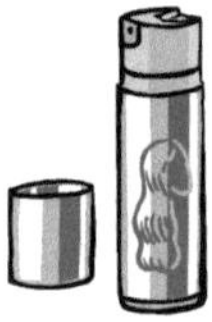

hiuslakka

peewnirgel sukunndu

meikki

makiyaas

huulipuna

joodirgel toni

kynsilakka

momtirgel cegeneeji

pumpuli

garowol wiro

kynsisakset

siso cegeneeji

hajuvesi

parfon

kosmetiikkalaukku

waxande lootorgal

jakkara

kuudi

vaaka

peesirgal

kylpytakki

wutte cuftorteeɗo

kumihansikkaat

gaŋuuji dalli

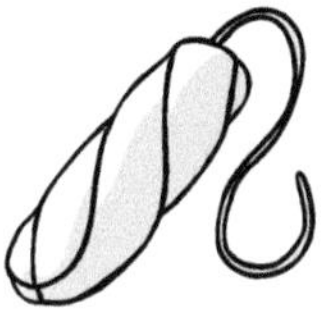

tamponi

momtirer ƴiiƴam ella

terveysside

kuus tiggu

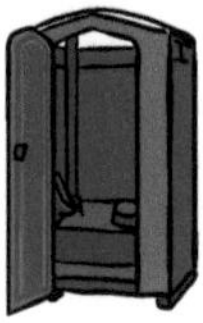

kemiallinen wc

lootogol simik

lastenhuone
suudu sakaaɓe

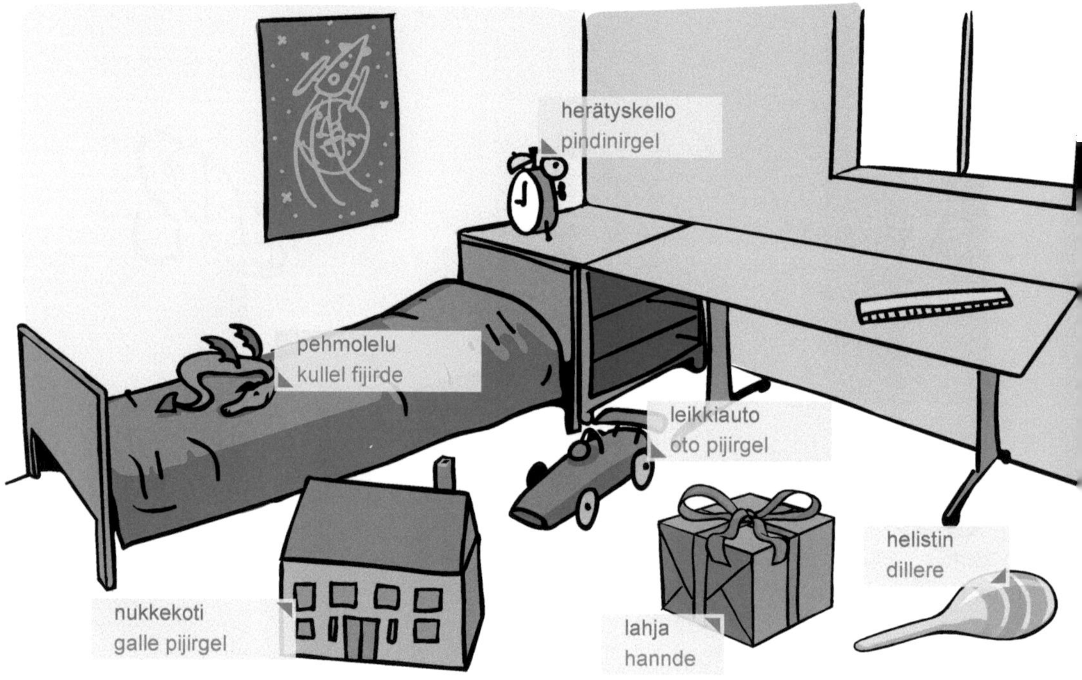
herätyskello
pindinirgel
pehmolelu
kullel fijirde
leikkiauto
oto pijirgel
helistin
dillere
nukkekoti
galle pijirgel
lahja
hannde

ilmapallo

sumalle dalli

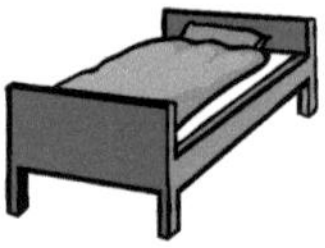

sänky

leeso

lastenvaunut

duñirgel tiggu

korttipeli

nokkere karte

palapeli

fijirde lombondirgol

SUPER
MEGA

sarjakuva

njalniika

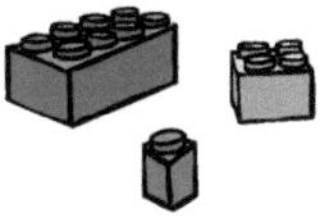

legopalikat

pijirgel tuufeeje

rakennuspalikat

tuufeeje

supersankari

pijirgel

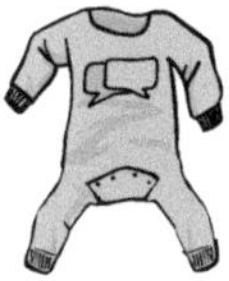

potkupuku

comcol tiggu

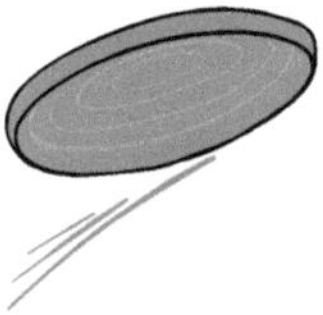

frisbee

palaat diwwoow

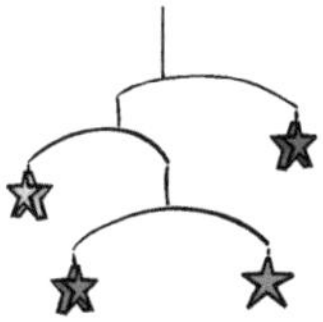

mobile

noddirgel

lautapeli

pijirgel

noppa

dee

pienoisjunarata

ñemtinirgel laana ndegoowa

tutti

neɗɗo fuuunti

juhlat

fijirde

kuvakirja

deftere nate

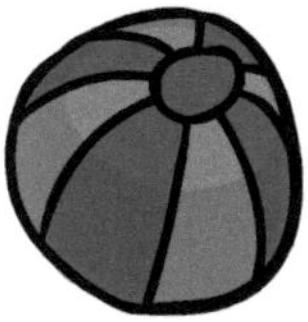

pallo

bal

nukke

puppe

leikkiä

fijde

hiekkalaatikko

mbalka ceenal

keinu

beeltirgal

lelut

pijirgel

pelikonsoli

pijiteengel see widewo

kolmipyörä

welo biifi tati

nalle

pijirgel kullel urs

vaatekaappi

armuwaar

vaatteet

comcol

sukat

kawase

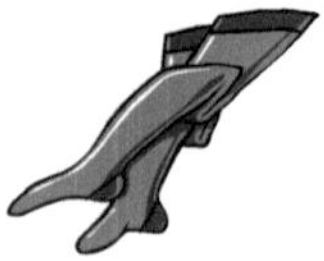

nylonsukat

kawase

sukkahousut

tuubayon bittukon

kaulaliina
musuuro

sateenvarjo
paraseewal

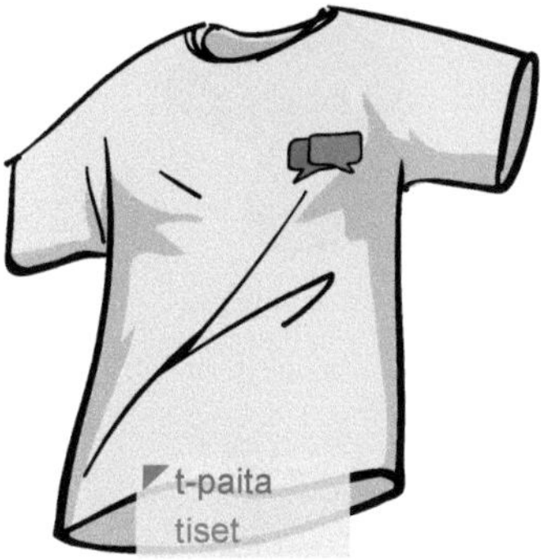
t-paita
tiset

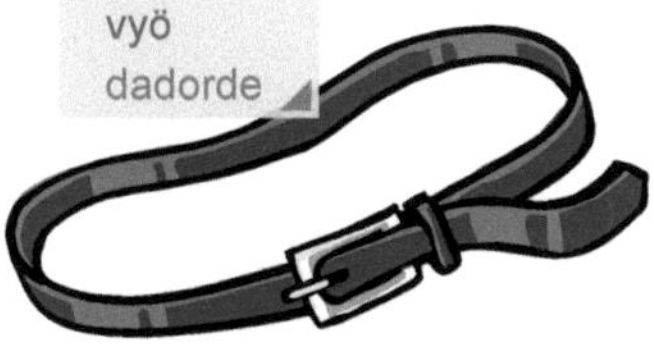
vyö
dadorde

lenkkarit
paɗe bokkateeɗe

saappaat
paɗe toowɗe

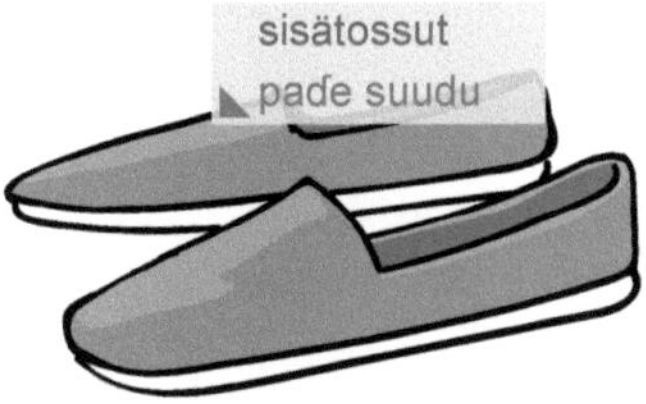
sisätossut
paɗe suudu

sandaalit
....
paɗe diwa

kengät
....
paɗe

kumisaappaat
....
paɗɗe toowɗe lirotooɗe

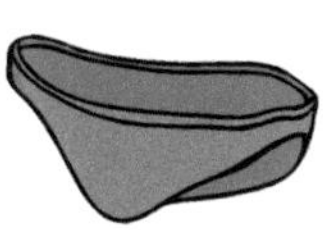

alushousut
....
cakkirɗi

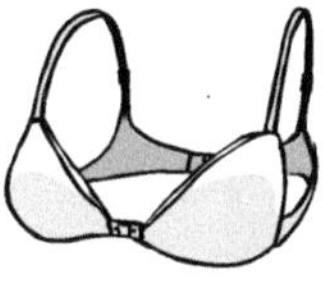

rintaliivit
....
sucengors

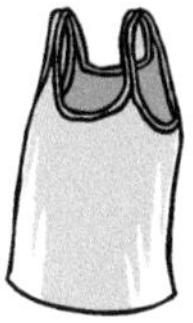

aluspaita
....
silet

body

ɓanndu

housut

tuuba

farkut

jiin

hame

robbo

pusero

buluson

paita

simis

villapaita

piliweer

collegepaita

weste nebbu

jakku

layset

takki

jaget

takki

weste juuɗɗo

sadetakki

wutte toɓo

puku

kostim

mekko

robbo

hääpuku

robbo yange

puku

weste

yöpaita

wutte baaldudo

pyjama

pijama

shari

sari

päähuivi

muusooro

turbaani

kaala

burka

kaala

kaftaani

sabndoor

abaya

abbaay

uimapuku

comcol lumbirogol

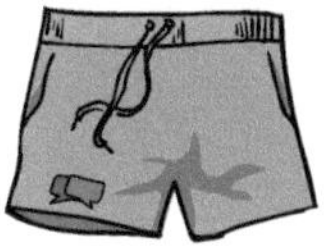

uimahousut

cakkirdi

shortsit

kilot

verkkarit

joogin

esiliina

limsere deffowo

käsineet

gaɲuuji

nappi

ɓoɗɗirgel

silmälasit

lone

rannekoru

jawo

kaulakoru

cakka

sormus

feggere

korvakoru

hootonde

lippalakki

laafa

ripustin

liggirgal weste

hattu

laafa

solmio

karawat

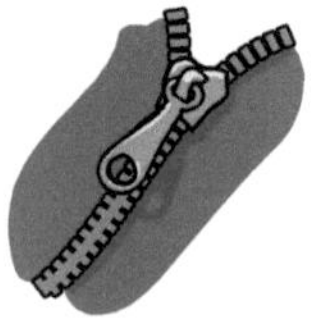

vetoketju

zip

kypärä

laafa ndeenka

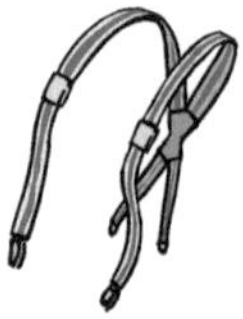

henkselit

ganŋ

koulupuku

comcol duɗal

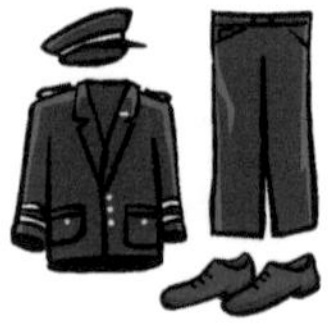

univormu

iniform

ruokalappu

sarbetel daande

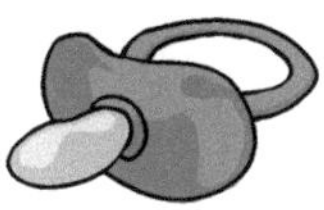

tutti

neɗɗo fuuunti

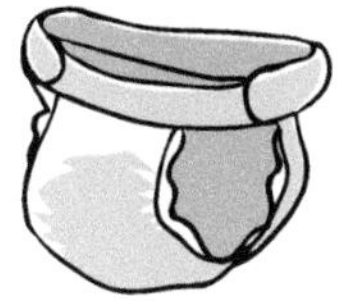

vaippa

kuus

toimisto
gollirgal

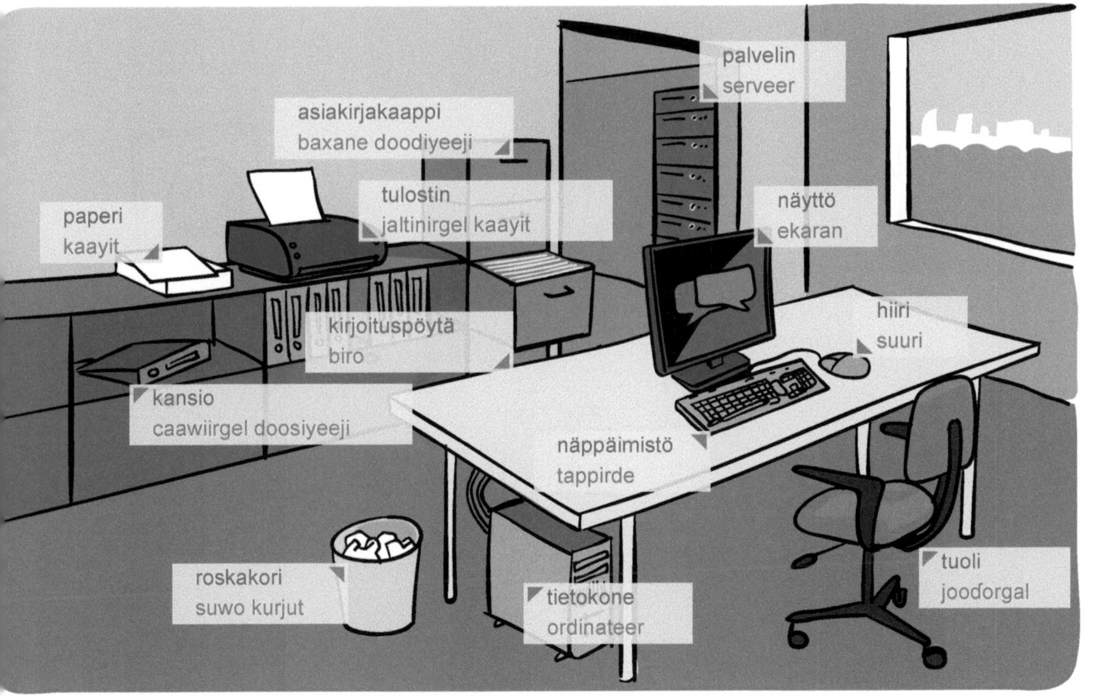

palvelin
serveer
asiakirjakaappi
baxane doodiyeeji
paperi
kaayit
tulostin
jaltinirgel kaayit
näyttö
ekaran
kirjoituspöytä
biro
hiiri
suuri
kansio
caawiirgel doosiyeeji
näppäimistö
tappirde
roskakori
suwo kurjut
tietokone
ordinateer
tuoli
jooɗorgal

kahvimuki

kuppu kafe

taskulaskin

qiimorgal

internet

enternet

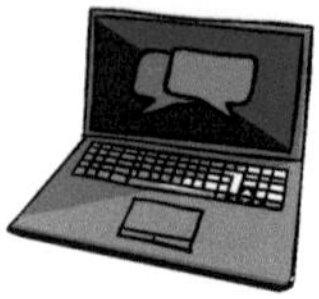

kannettava tietokone

ordinateer beelnateeɗo

kirje

ɓataake

1

viesti

ɓataake

kännykkä

noddirgel

verkko

reso

kopiokone

cottitirgel

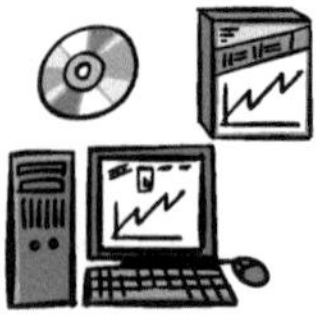

ohjelmisto

losisiyel

puhelin

noddirgel

pistorasia

ceŋirgel ɓoggol kuura

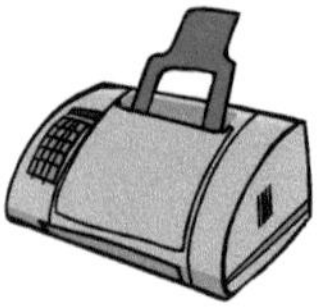

faksi

masinŋ faks

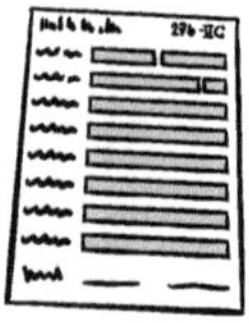

lomake

mbaadi

asiakirja

dokiman

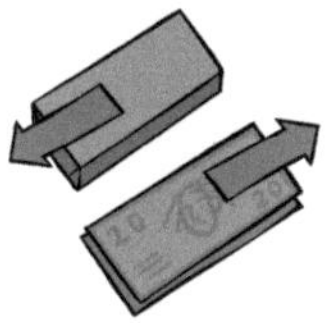

ostaa

soodde

maksaa

sooɗde

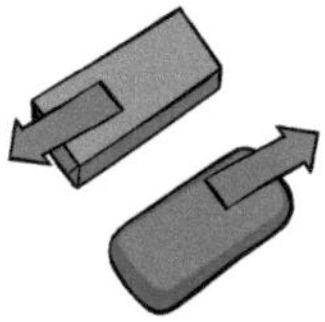

vaihtaa

yeyde

raha

kaalis

USD

dollari

dolaar

EUR

euro

eroo

JPY

jeni

yen

RUB

rupla

ruubal

CHF

frangi

faran Siwis

CNY

renminbi juan

yuwaan renminbi

INR

rupia

rupii

ATM

pankkiautomaatti

masinŋ keestorɗo kaalis

rahanvaihto

nokku beccugol e neldugol

kulta

kanŋe

hopea

kaalis

öljy

esaans

energia

sembe

36€

hinta

coggu

sopimus

kontara

vero

taks

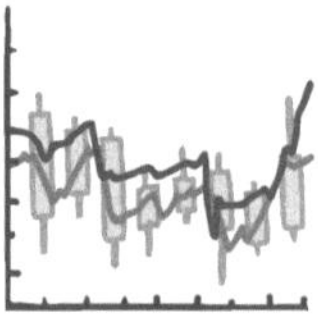

osake

marsandiss moftaaɗo

työskennellä

gollude

työntekijä

gollinteeɗo

työnantaja

gollinoowo

tehdas

isin

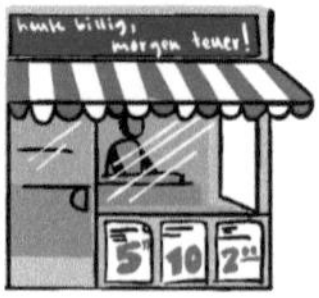

liike

bitik

ammatit
haajuuji

palomies
ñifooɓe jeyle
poliisi
dadiiɗo
kokki
defoowo
lääkäri
cafroowo
lentäjä
pilot

puutarhuri

toppitiiɗo sardin

puuseppä

minise

ompelija

ñootoowo

tuomari

ñaawoowo

kemisti

simist e ɗemngal farayse

näyttelijä

aktoor

linja-autonkuljettaja

dognoowo biis

taksinkuljettaja

dognoowo taksi

kalastaja

gawoowo

siivooja

pittoowo

katontekijä

cengirɗe huɓeere

tarjoilija

carwoowo

metsästäjä

daddoowo

maalari

pentiroowo

leipuri

piyoowo mburu

sähköasentaja

gollowo kuura

rakentaja

mahoowo

insinööri

enseñeer

teurastaja

jeyoowo teew keso

putkiasentaja

polombiyer

postinjakaja

nawoowo ɓatakuuji

sotilas

kooninke

arkkitehti

diidoowo ɓahanteeri

kassanhoitaja

kestotooɗo

floristi

jeyoowo fuloraaji

kampaaja

mooroowo

konduktööri

dognoowo

mekaanikko

mekanisiyenŋ

kapteeni

kapiteen

hammaslääkäri

cafroowo ƴiiƴe

tiedemies

miijotooɗo

rabbi

kellifaaɗo diine to israayel

imaami

imaam

munkki

muwaan e e ɗemngal farayse

pappi

kellifaaɗo diine heerereeɓe

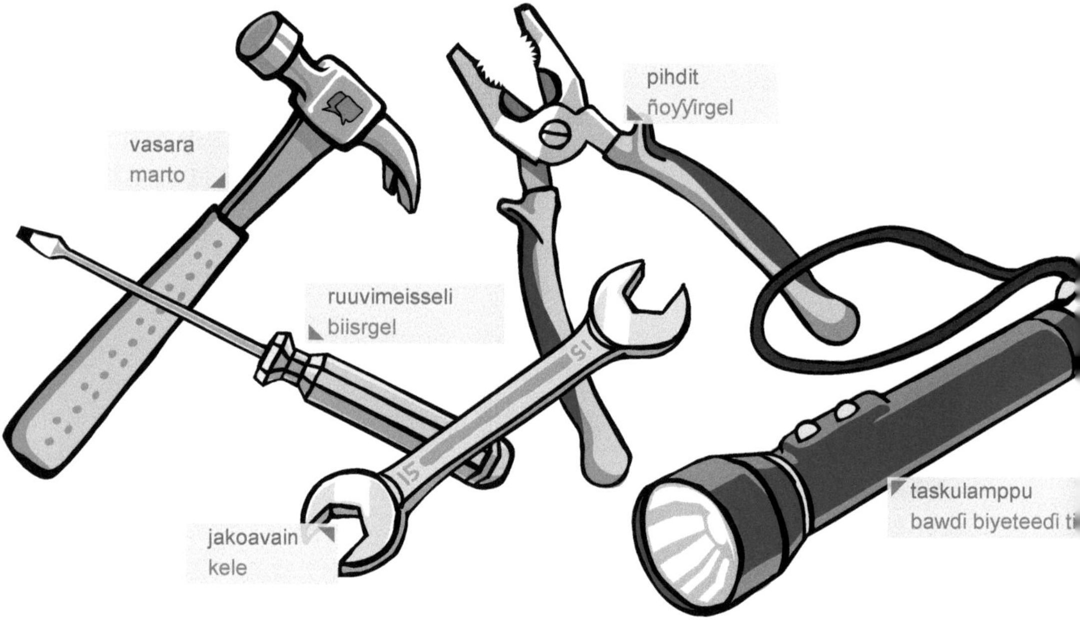

vasara
marto
pihdit
ñoyƴirgel
ruuvimeisseli
biisrgel
jakoavain
kele
taskulamppu
bawɗi biyeteeɗi ti

kaivinkone

pikku

työkalupakki

baxanel kaɓorɗe

tikkaat

ŋabbirgal

saha

taƴirgal

naulat

ƴiɓirɗe

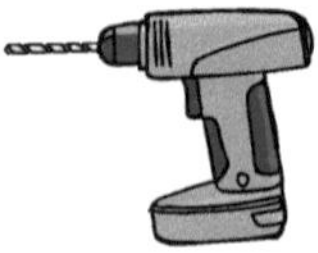

pora

julirgal

korjata

fewnitde

lapio

nokkirgel

Hitto!

Soo!

rikkalapio

ɓoftirgel kurjut

maalipurkki

pot penttiir

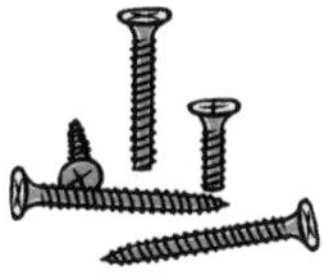

ruuvit

wiisuuji

soittimet

kongirgon misik

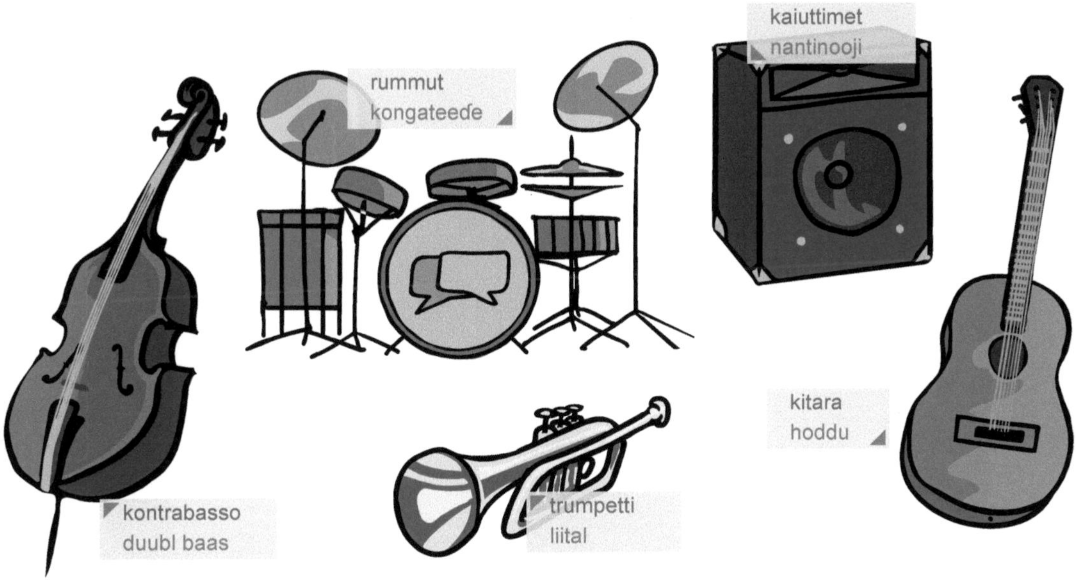
kaiuttimet
nantinooji
rummut
kongateeɗe
kitara
hoddu
kontrabasso
duubl baas
trumpetti
liital

piano

piayaano

viulu

wiyolon

basso

baas

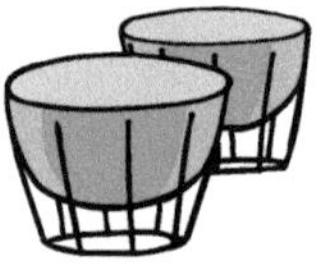

patarummut

bowɗi biyeteeɗi timpani

rumpu

bawɗi

kosketinsoitin

tappirgal

saksofoni

saksofoon

huilu

nguurdu

mikrofoni

mikoro

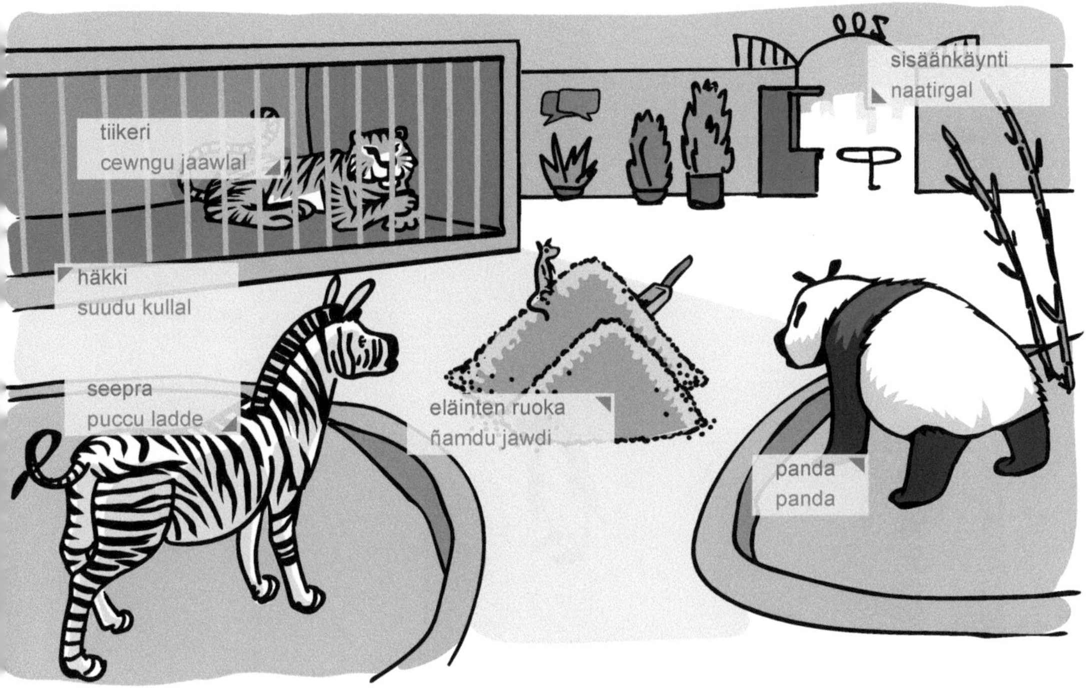
tiikeri
cewngu jaawlal
häkki
suudu kullal
seepra
puccu ladde
eläinten ruoka
ñamdu jawdi
sisäänkäynti
naatirgal
panda
panda

eläimet

kulle

norsu

ñiiwa

kenguru

kanguru

sarvikuono

rinoseros

gorilla

waandu mowndu

karhu

urs

kameli

ngelooba

strutsi

sundu ɓurndu mownude

leijona

mbaroodi

apina

waandu

flamingo

ñaaral pural

papukaija

seku

jääkarhu

urso galaas

pingviini

liingu wiyeteendu penguwe

hai

lingu reke

riikinkukko

ndiwri wiyeteendu pawon

käärme

laadoori

krokotiili

nooro

eläintarhanhoitaja

deenoowo zoo

hylje

togoori ndiyam wiyeteendu fok e farayse

jaguaari

cewngu

poni

molu

leopardi

cewngu

virtahepo

ngabu

kirahvi

njabala

kotka

ciilal

villisika

mbabba tugal

kala

liingu

kilpikonna

heende

mursu

kullal biyeteengal morse

kettu

renaar

gaselli

lella

urheilu

coftal ɓalli

amerikkalainen jalkapallo
Fuggukoyngel Amerknaaɓe
pyöräily
dognugol welo
tennis
tenis
koripallo
beysbol
uinti
lumbagol
nyrkkeily
boks
jääkiekko
fuggukoyngel e galaas

jalkapallo

Fuggukoyngel

sulkapallo

badminton

yleisurheilu

atelettuuji

käsipallo

hanbol

hiihto

fijirɗe deggol e nees

poolo

polo

aktiviteetit
golle

hypätä
diwde
halata
ɓuucaade
nauraa
jalde
kävellä
yaade
laulaa
yimde
unelmoida
hoyɗitaade
rukoilla
juulde
suudella
ɓuucaade

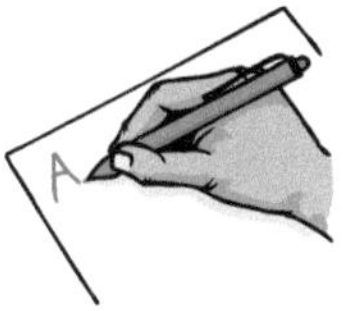

kirjoittaa

windude

piirtää

siifde

näyttää

hollude

painaa

duñde

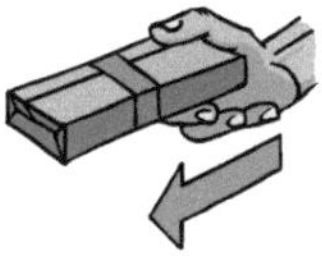

antaa

rokkude

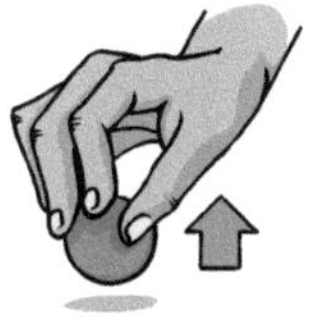

ottaa

ƴettude

omistaa

deñde

tehdä

waɗde

olla

wonde

seisoa

ummaade

juosta

dogde

vetää

fooɗde

heittää

weddaade

kaatua

yande

maata

fende

odottaa

sabbaade

kantaa

roondaade

istua

jooɗaade

pukeutua

ɓoornaade

nukkua

ɗaanaade

herätä

finde

katsoa

ƴeewde

itkeä

woyde

silittää

helde

kammata

yeesaade

puhua

haalde

ymmärtää

faamde

kysyä

naamnaade

kuunnella

heɗaade

juoda

yarde

syödä

ñaamde

siivota

hawrinde

rakastaa

yiɗde

keittää

defde

ajaa

dognude

lentää

diwde

purjehtia

awƴude

42

laskea

qimaade

lukea

jangude

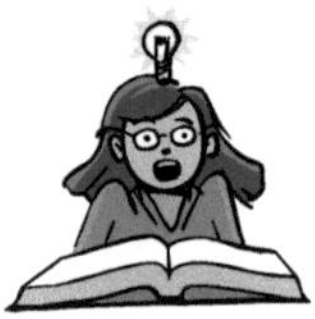

oppia

jangude

työskennellä

gollude

mennä naimisiin

resde

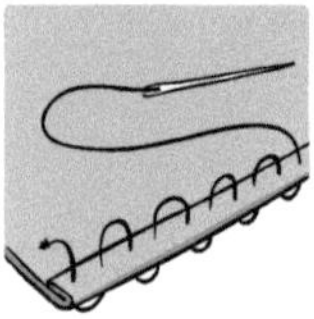

ommella

ñootde

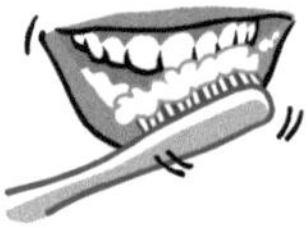

pestä hampaat

soccaade ƴiiƴe

tappaa

warde

tupakoida

simmaade

lähettää

neldude

perhe
ɓesngu

mmo
niraaɗo debbo
ukki
taaniraaɗo gorko
isä
baabiraaɗo
äiti
yummiraaɗo
vauva
tiggu
tytär
ɓiɗɗo debbo
poika
ɓiɗɗo gorko

vieras
koɗo

täti
goggiraaɗo

setä
kaawiraaɗo

veli
mowniraaɗo gorko

sisko
mowniraaɗo debbo

vartalo

ɓandu

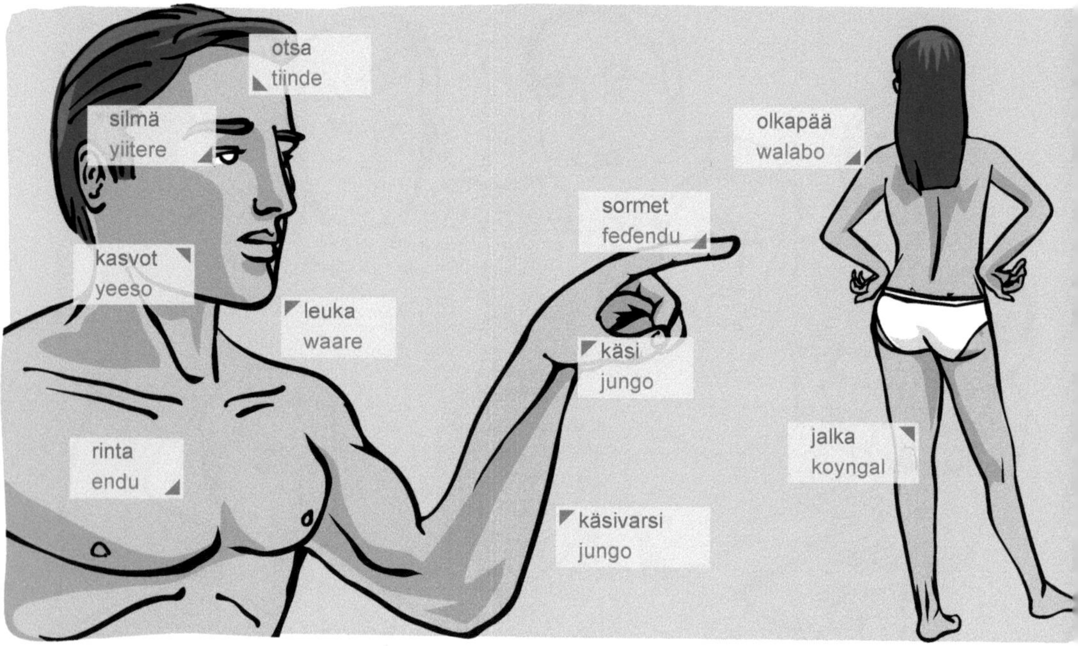

otsa
tiinde
silmä
yiitere
olkapää
walabo
sormet
feɗendu
kasvot
yeeso
leuka
waare
käsi
jungo
rinta
endu
jalka
koyngal
käsivarsi
jungo

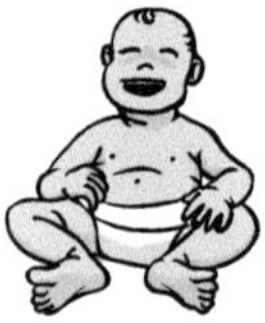

vauva

tiggu

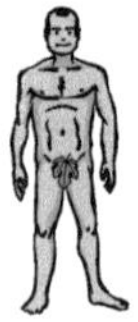

mies

gorko

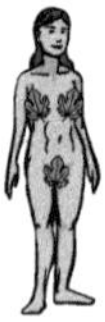

nainen

debbo

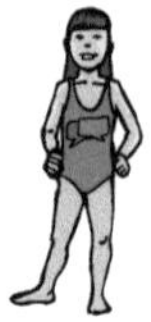

tyttö

deftere kongoli

poika

suka gorko

pää

hoore

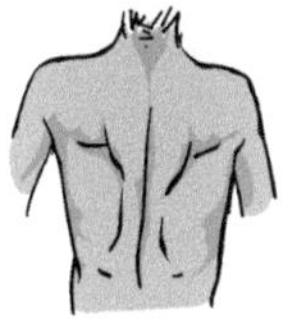

selkä

keeci

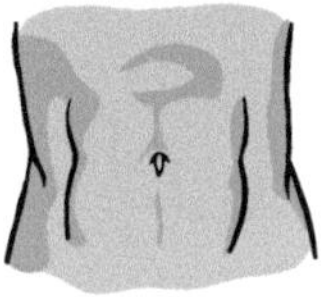

maha

reedu

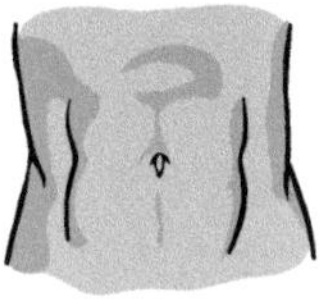

napa

wuddu

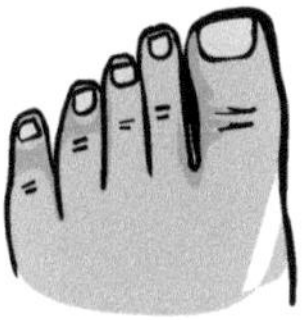

varvas

feɗendu koyngal

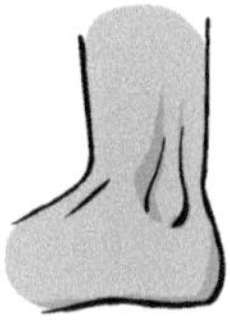

kantapää

jaɓɓorgal

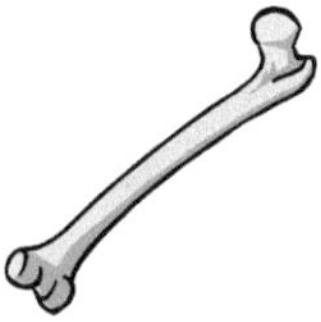

luu

ƴiyal

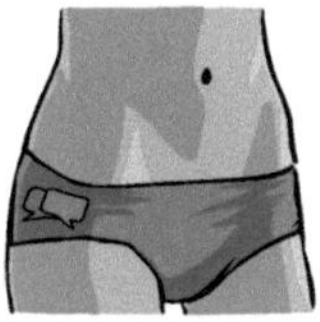

lantio

rotere

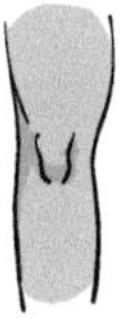

polvi

hofru

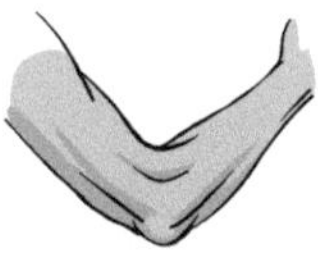

kyynärpää

salndu junngu

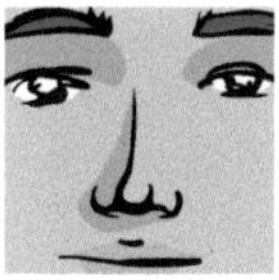

nenä

hinere

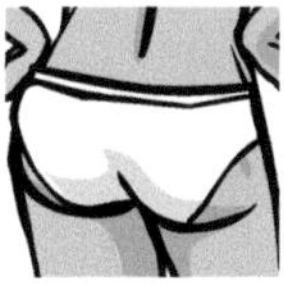

takapuoli

dote

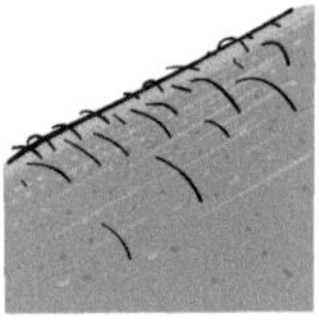

iho

nguru

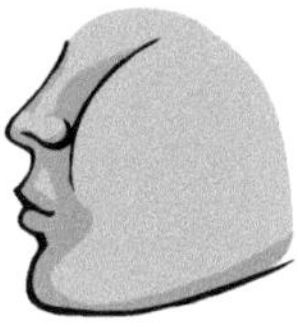

poski

aɓɓulo

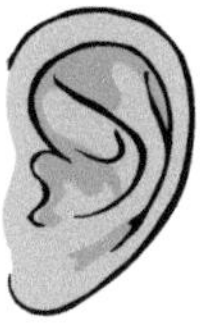

korva

nofru

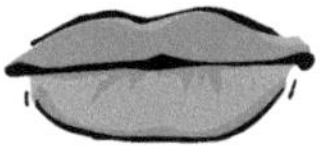

huuli

tonndu

suu

hunuko

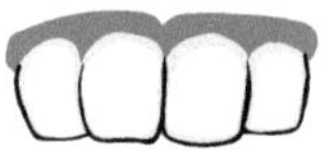

hammas

ñiire

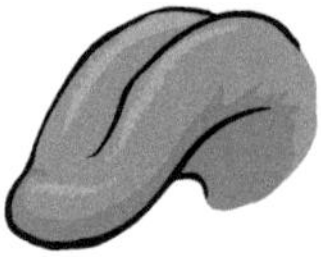

kieli

ɗemngal

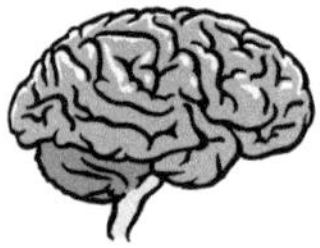

aivot

ngaandi

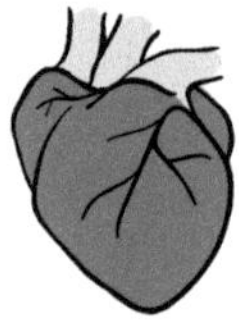

sydän

ɓernde

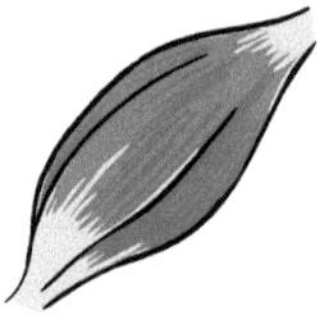

lihas

ƴiyal

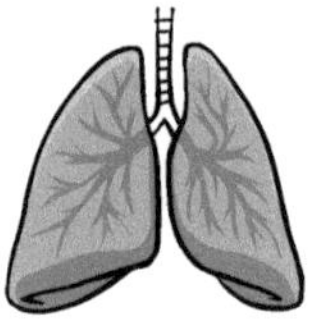

keuhkot

wecco

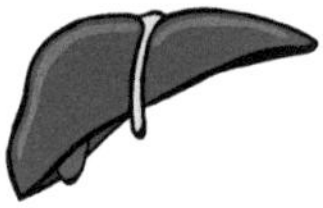

maksa

heeñere

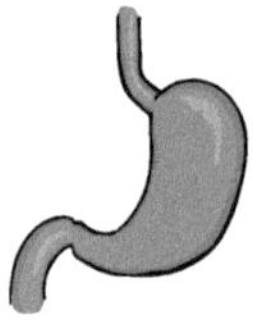

vatsa

estoma

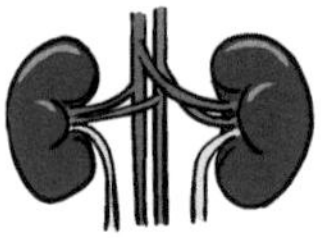

munuaiset

tekteki mawni

seksi

terɗe

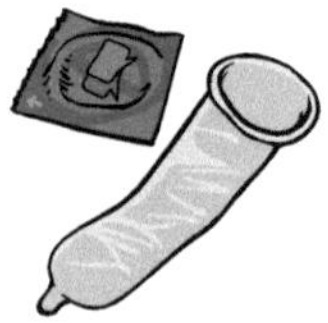

kondomi

laafa ndeenka

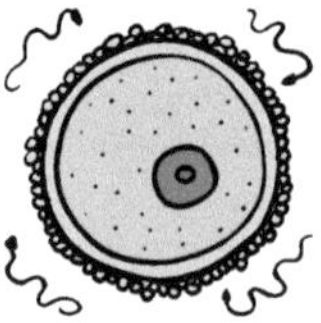

munasolu

ɓoccoonde maniya

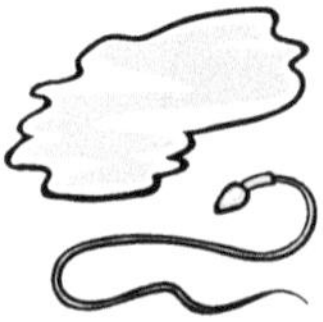

sperma

maniya

raskaus

reedu

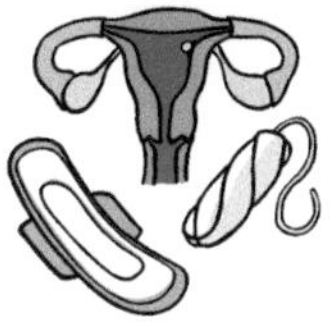

kuukautiset

ƴiiƴam ella

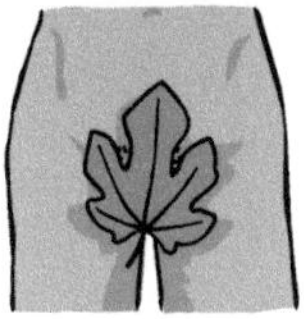

vagina

farja

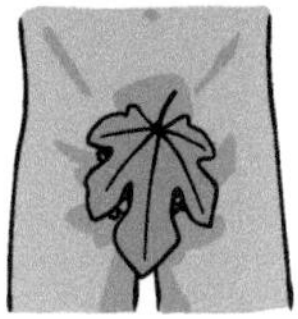

penis

kaake

kulmakarvat

leeɓi dow yiitere

hiukset

sukunndu

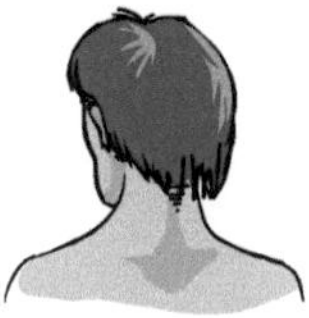

niska

daande

sairaala

suudu safirdu

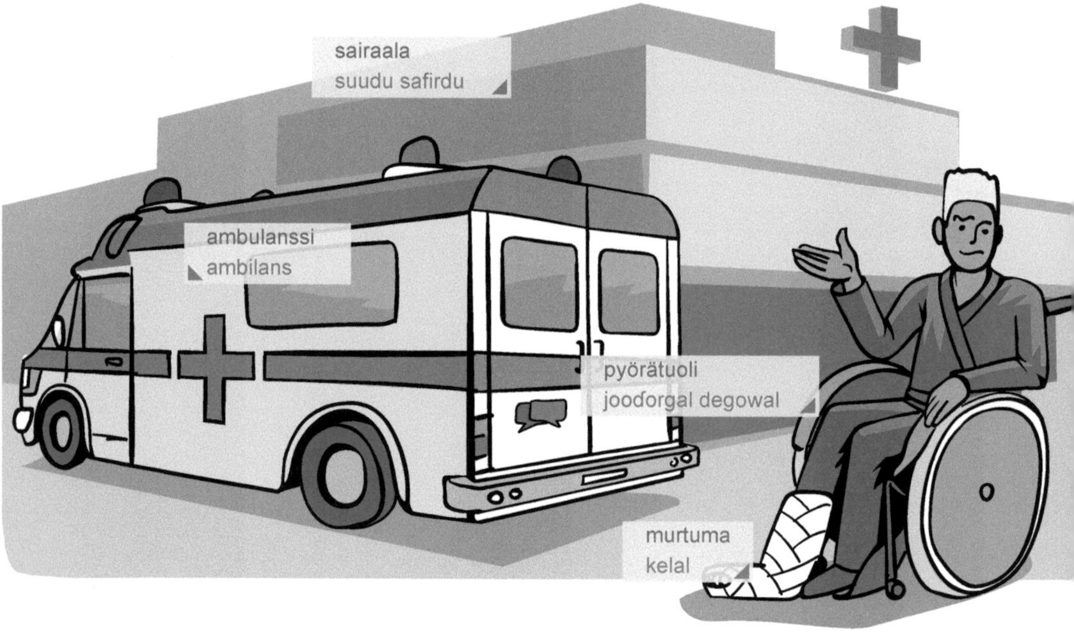
sairaala
suudu safirdu
ambulanssi
ambilans
pyörätuoli
jooɗorgal degowal
murtuma
kelal

lääkäri

cafroowo

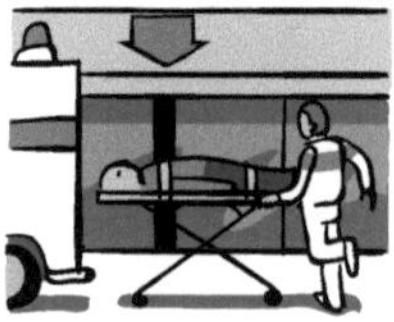

ensiapu

suudo irsaans

sairaanhoitaja

cafroowo

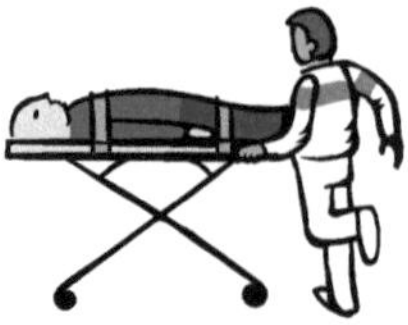

hätätilanne

irsaans

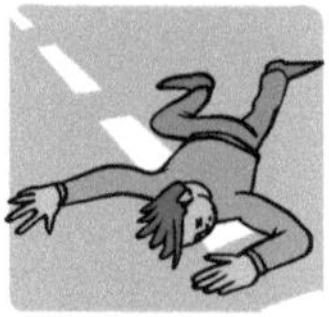

tajuton

paɗɗiiɗo

kipu

muuseeki

vamma

gaañande

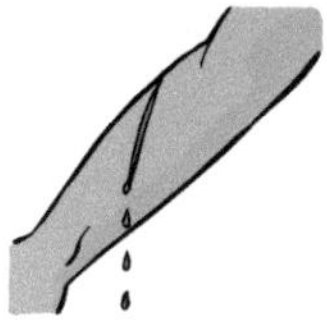

verenvuoto

tuƴƴude

sydänkohtaus

ɓernde dartiinde

aivoinfarkti

darogol ɓernde

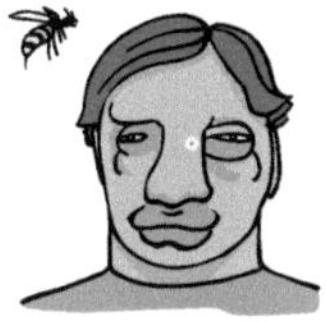

allergia

alersi

yskä

ɗojjugol

kuume

nguleeki ɓandu

flunssa

maɓɓo

ripuli

reedu dogooru

päänsärky

muuseeki hoore

syöpä

kanser

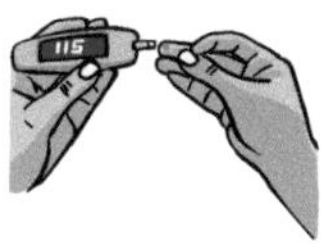

diabetes

jabet

kirurgi

operasiyon

veitsi

ceekirgel

leikkaus

operasiyon

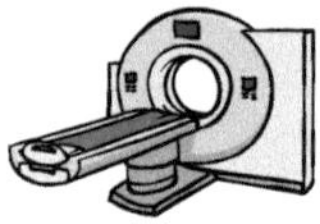

ct

CT

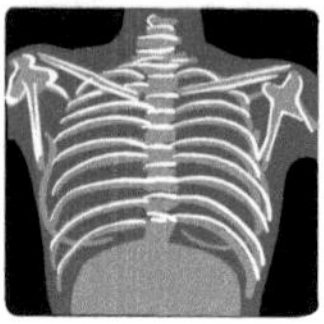

röntgen

reyon-x

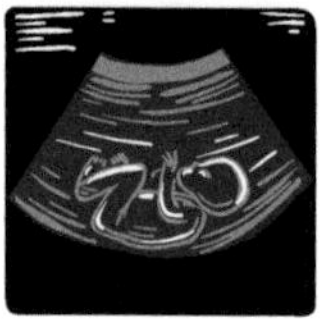

ultraääni

iltarason

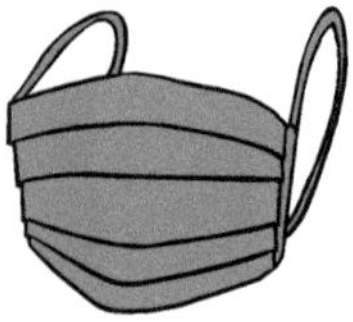

maski

mask yeeso

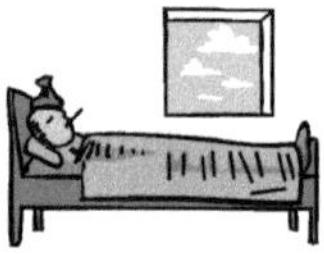

sairaus

ñaw

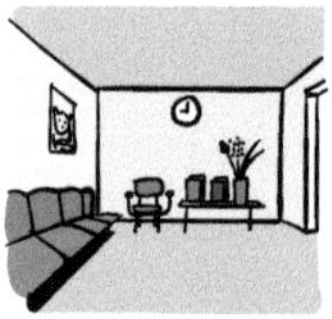

odotushuone

suudu sabbordu

sauva

sawru tuggorgal

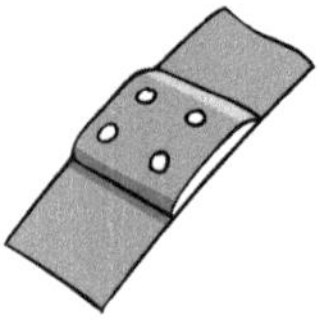

laastari

palatar

side

bandaas

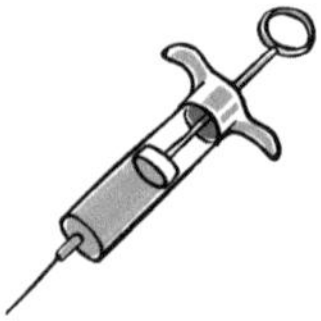

pistos

pikkitagol

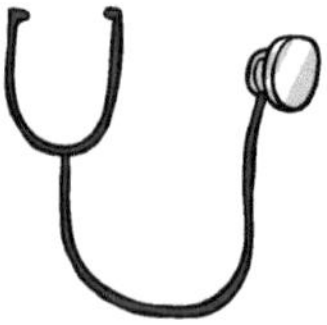

stetoskooppi

keɗirgel dille ɓandu

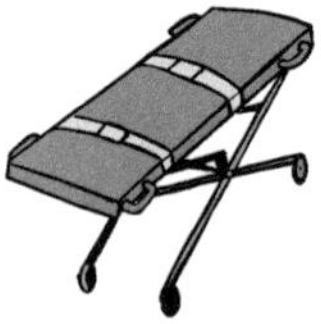

paarit

balankaaru

kuumemittari

ɓetirgel nguleeki ɓanndu

syntymä

jibinegol

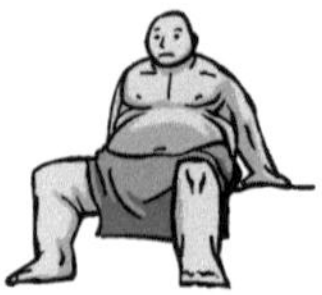

ylipaino

ɓandu ɓurtundu

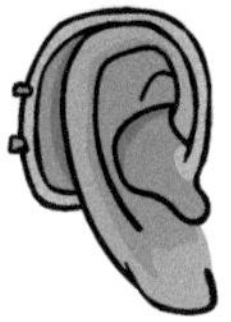

kuulolaite

ɓallotirgel nonooje

desinfiointiaine

desefektan

infektio

infeksiyon

virus

viris

HIV / AIDS

HIV / SIDA

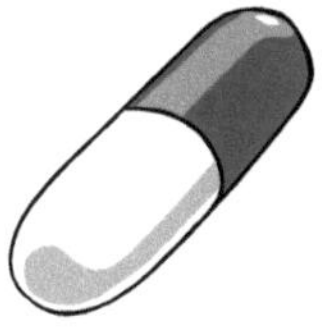

lääke

safaara

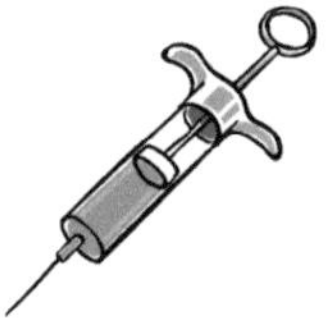

rokotus

ñakko

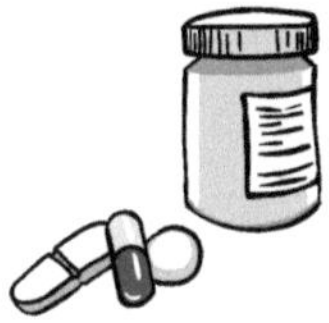

tabletit

tabletuuji

pilleri

foɗɗere

hätäpuhelu

noddaango heñoraango

120
80

verenpainemittari

ɓetirgel dogdu ƴiiƴam

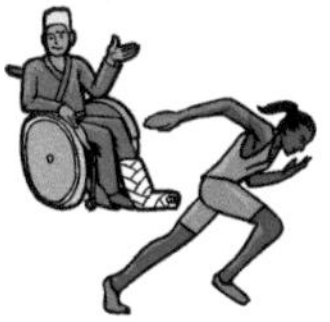

sairas / terve

sellaani / salli

hätätilanne

irsaans

Apua!

Paabode!

hälytys

tintinirgel

ryöstö

jangol

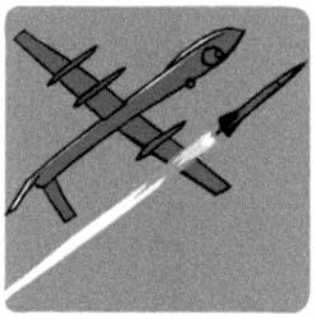

hyökkäys

yande e

vaara

musiiba

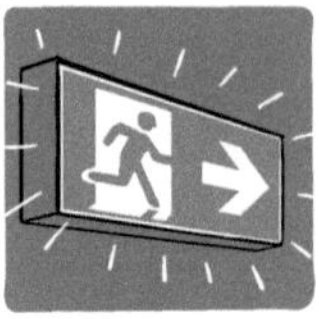

hätäuloskäynti

damal dandirgal

Tulipalo!

Paabode!

palosammutin

ñifirgel jeynge

onnettomuus

aksida

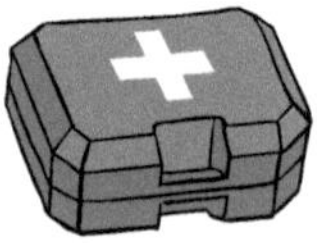

ensiapulaukku

gede cafrorde gadane

SOS

SOS

BALLAL

poliisilaitos

Polis

maa
Leydi

Eurooppa

Erop

Pohjois-Amerikka

Amerik to Rewo

Etelä-Amerikka

Amerik to Worgo

Afrikka

Afiriki

Aasia

Asi

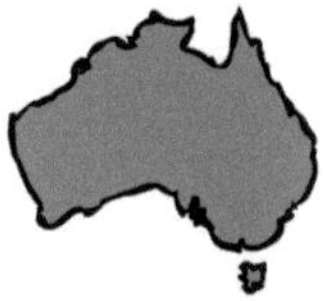

Australia

Ostarali

Atlantin valtameri

Atalantik

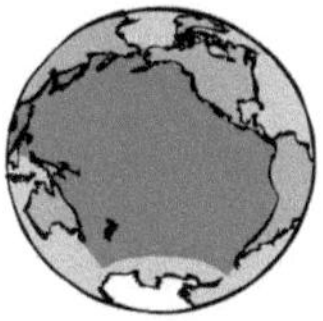

Tyynimeri

Pasifik

Intian valtameri

Oseyan Enje

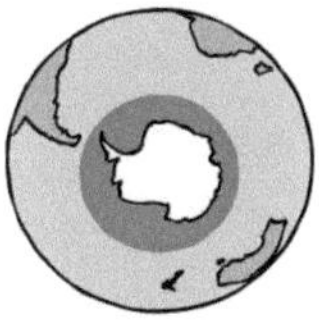

Eteläinen jäämeri

Oseyan Antarktik

Pohjoinen jäämeri

Osean Arkatik

pohjoisnapa

Bange Rewo

etelänapa

Bange Worgo

Antarktis

Antarktik

maa

Leydi

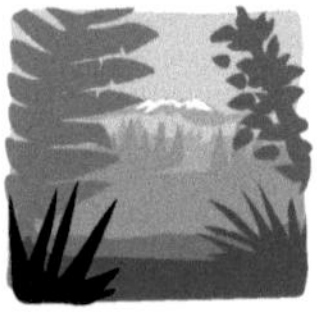

maa

leydi

meri

maayo mawngo

saari

wuro nder ndiyam

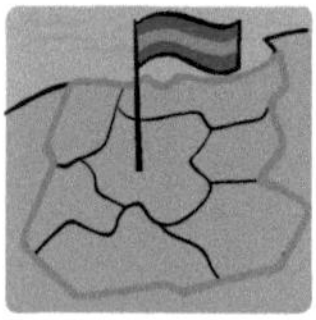

kansa

leydi

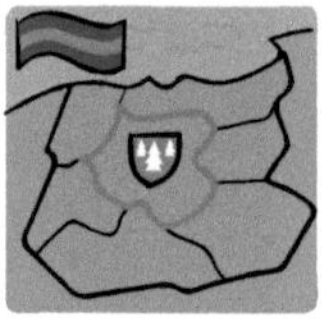

osavaltio

jamaanu

kello

montoor

kellotaulu

yeeso montoor

tuntiviisari

misalel waqtu

minuuttiviisari

misalel hojomaaji

sekuntiviisari

misalel majanɗe

Paljonko kello on?

Hol waqtu jonɗo?

päivä

ñalawma

aika

saha

nyt

jooni

10:25

digitaalikello

montoor disitaal

minuutti

hojom

tunti

waqtu

viikko
yontere

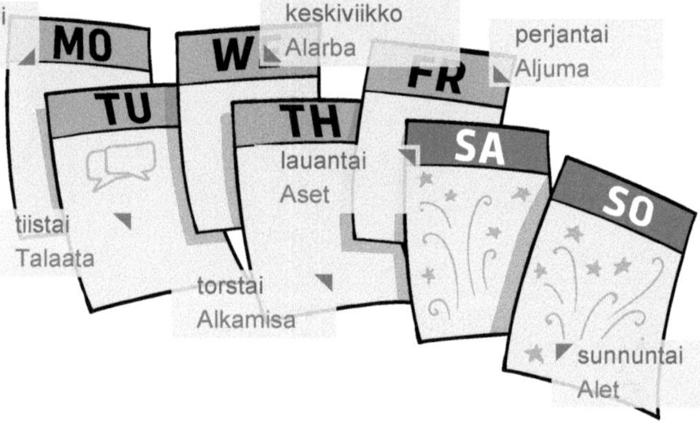
MO
TU
W
TH
FR
SA
SO
maanantai
Altine
tiistai
Talaata
keskiviikko
Alarba
torstai
Alkamisa
perjantai
Aljuma
lauantai
Aset
sunnuntai
Alet

TUE
MON
1

eilen

hanki

TUE
2

tänään

hande

TUE
3

huomenna

jango

aamu

subaka

keskipäivä

beetawe

ilta

kikiiɗe

MO TU WE TH FR SA SU

työpäivät

ñalawmaaji golle

MO TU WE TH FR SA SU

viikonloppu

ñalamaaji fooftere

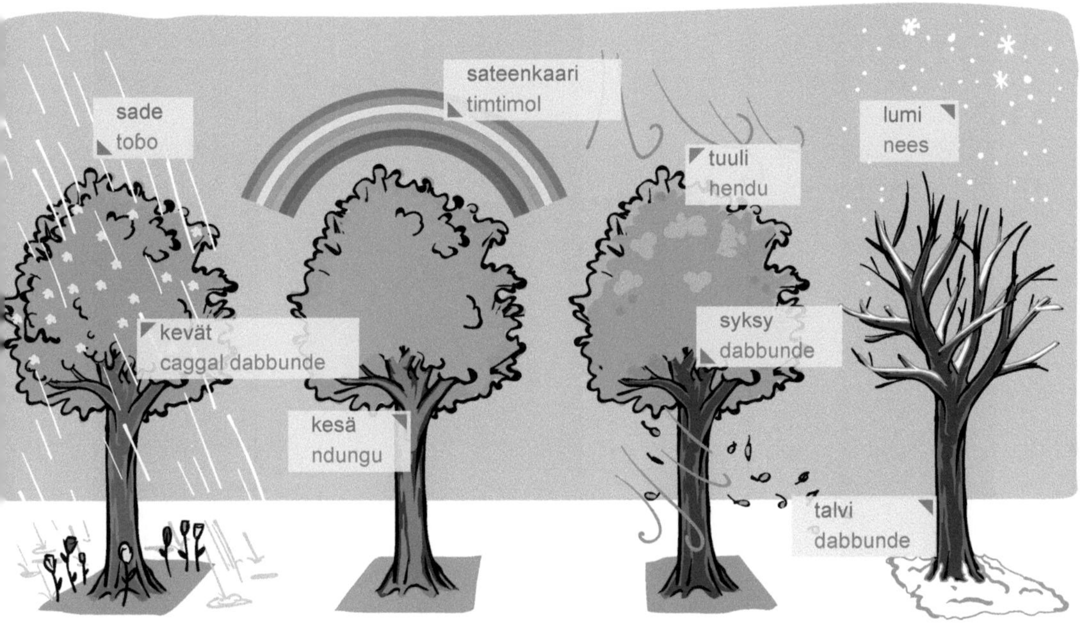

sade
toɓo
sateenkaari
timtimol
tuuli
hendu
lumi
nees
kevät
caggal dabbunde
syksy
dabbunde
kesä
ndungu
talvi
dabbunde

4.APRIL 11°
5.APRIL 4°
6.APRIL 13°
7.APRIL 8°
8.APRIL 10°

sääennuste

kabrugol geɗe weeyo

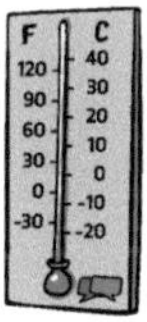

F
C
120
90
60
30
0
-30
40
30
20
10
0
-10
-20

lämpömittari

ɓetirgal nguleeki

auringonpaiste

nguleeki naange

pilvi

duulal

sumu

niɓɓere niwri

ilmankosteus

ɓuuɓol

salama

majaango

ukkonen

gidango

myrsky

hendu yaduungo e gidaali

rae

toɓo mawngo

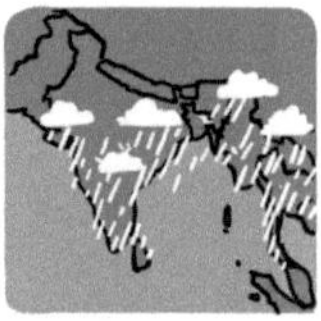

monsuuni

keneeli mawɗi

tulva

toɓo yooloongo

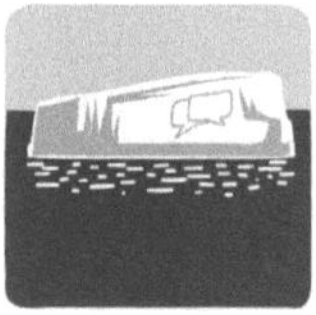

jää

galaas

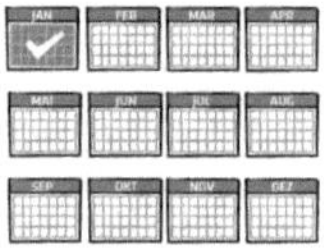

tammikuu

Janwiye

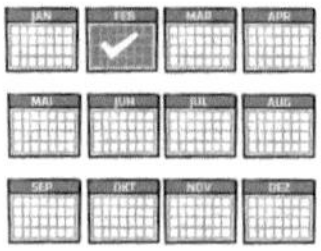

helmikuu

Feeviriye

maaliskuu

Mars

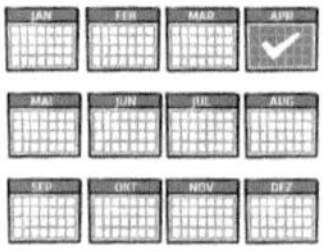

huhtikuu

Awril

toukokuu

Me

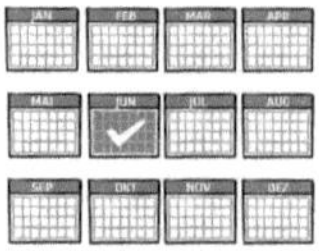

kesäkuu

Suwe

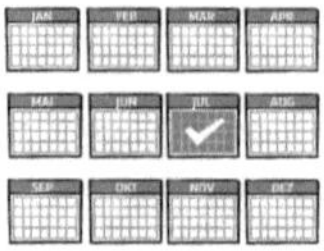

heinäkuu

Suliye

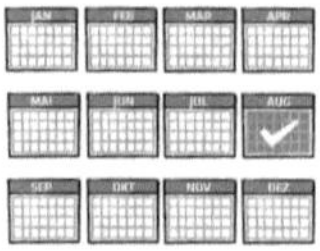

elokuu

Ut

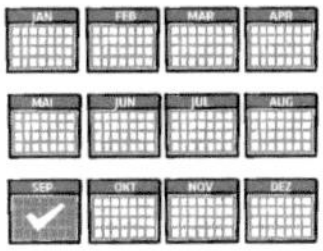
JAN FEB MAR APR
MAI JUN JUL AUG
SEP OKT NOV DEZ

syyskuu

Setanbar

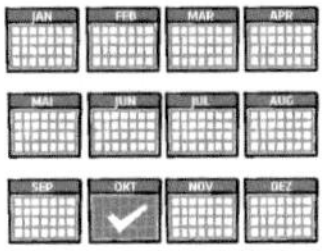
JAN FEB MAR APR
MAI JUN JUL AUG
SEP OKT NOV DEZ

lokakuu

Oktobar

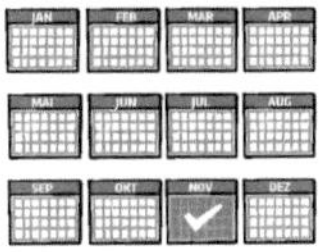
JAN FEB MAR APR
MAI JUN JUL AUG
SEP OKT NOV DEZ

marraskuu

Noowambar

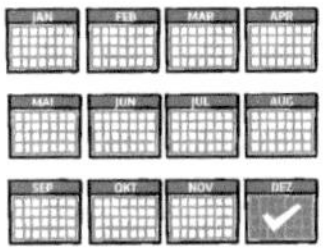
JAN FEB MAR APR
MAI JUN JUL AUG
SEP OKT NOV DEZ

joulukuu

Desambar

muodot
Mbaadi

ympyrä

taariɗum

neliö

bangeeji potɗi

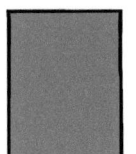

suorakulmio

rektangal

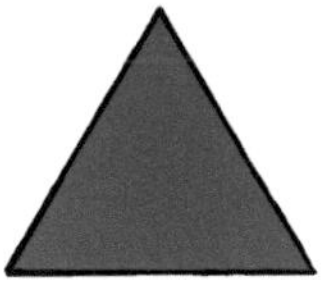

kolmio

tiriyangal

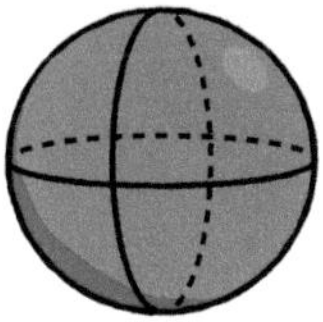

pallo

esfeer

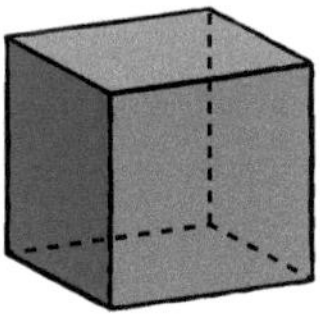

kuutio

kib

värit
kuloraaji

valkoinen

deneejo

keltainen

puro

oranssi

oraas

vaaleanpunainen

roos

punainen

boɗeejo

violetti

yolet

sininen

bulaajo

vihreä

werte

ruskea

baka

harmaa

giri

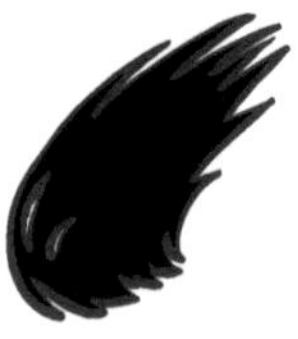

musta

ɓaleejo

vastakohdat
ceertuɗe

paljon / vähän

heewi / famɗi

vihainen / ystävällinen

mittinɗo / deeƴɗo

kaunis / ruma

yooɗi / soofi

alku / loppu

fuɗɗorde / gasirde

suuri / pieni

mawni / famɗi

vaalea / tumma

leeri / ɗiɓɓiɗi

veli / sisko

mawniraaɗo gorko / debbo

puhdas / likainen

laaɓi / tulmi

täydellinen / epätäydellinen

timmi / manki

päivä / yö

ñalawma / jamma

kuollut / elävä

mayi / wuuri

leveä / kapea

yaaji / ɓitti

syötävä / syömäkelvoton

ñaame / ñaametaake

paha / kiltti

bonɗum / moƴƴi

innostunut / tylsistynyt

weelti / deeƴi

lihava / laiha

ɓutto / cewɗo

MO
TU
WE
TH
FR
SA
SO

ensimmäinen / viimeinen

gadiiɗo / cakkitiiɗo

ystävä / vihollinen

sehil / gaño

täysi / tyhjä

heewi / ɓolɗi

kova / pehmeä

tiiɗi / hoyi

painava / kevyt

teddi / hoyi

nälkä / jano

heege / ɗomka

sairas / terve

sellaani / salli

laiton / laillinen

dagaaki / dagi

älykäs / tyhmä

ƴoƴi / ƴiƴaani

vasen / oikea

ñaamo / nano

lähellä / kaukana

ɓadi / woɗɗi

uusi / käytetty

keso / kiiɗɗo

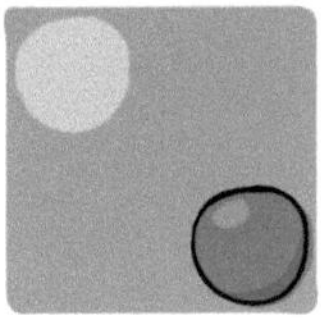

ei mitään / jotain

haydara / huunde

vanha / nuori

nayeeji / suka

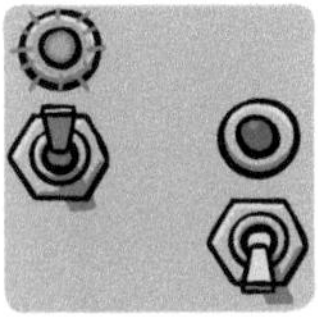

päällä / pois päältä

ne heen / ala heen

auki / kiinni

udditi / uddi

hiljainen / äänekäs

deeyi / dilla

rikas / köyhä

galo / baasɗo

oikein / väärin

feewi / feewaani

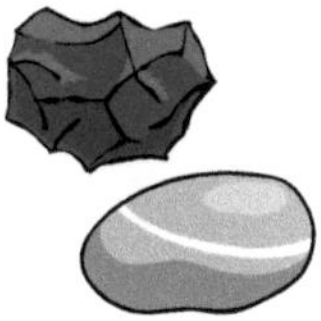

karhea / sileä

tekki / ɗaati

surullinen / iloinen

suni / weelti

lyhyt / pitkä

daɓɓo / jutɗo

hidas / nopea

leeli / yaawi

märkä / kuiva

leppi / yoori

lämmin / viileä

wuli / ɓuuɓi

sota / rauha

hare / jam

numerot
limorɗe

0	1	2
nolla	yksi	kaksi
meere	goo	ɗiɗi
3	4	5
kolme	neljä	viisi
tati	nay	joy
6	7	8
kuusi	seitsemän	kahdeksan
jeegom	seeɗiɗi	jeetati
9	10	11
yhdeksän	kymmenen	yksitoista
jeenay	sappo	sappo e goo

12

kaksitoista
sappo e ɗiɗi

13

kolmetoista
sppo e tati

14

neljätoista
sappo e nay

15

viisitoista
sappo e joy

16

kuusitoista
sappo e jeegom

17

seitsemäntoista
sappo e jeeɗiɗi

18

kahdeksantoista
sappo e jeetati

19

yhdeksäntoista
sappo e jeenay

20

kaksikymmentä
noogas

100

sata
teemedere

1.000

tuhat
ujunere

1.000.000

miljoona
miliyonŋ

kielet
ɗemɗe

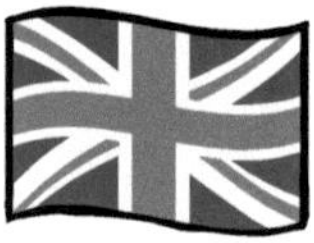

englanti

Angale

amerikanenglanti

Angale Amerik

mandariinikiina

Mandare Siin

hindi

Indo

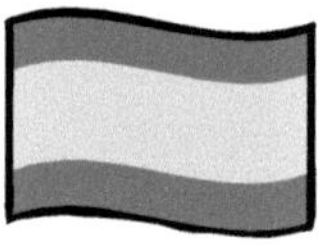

espanja

Español

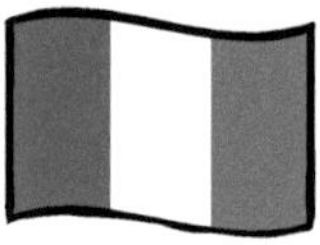

ranska

Farayse

arabia

Arab

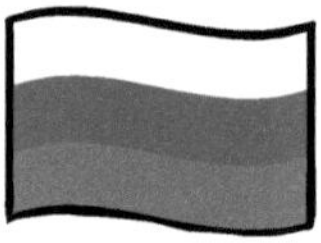

venäjä

Riis

portugali

Portige

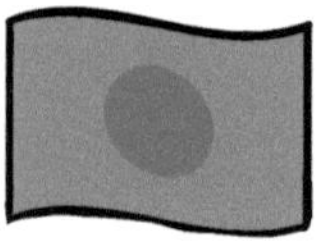

bengali

Bengali

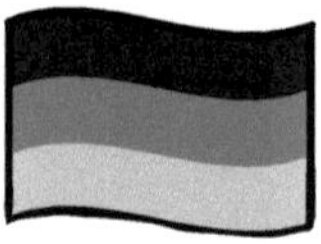

saksa

Alma

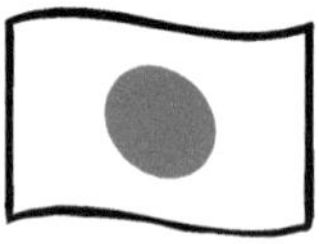

japani

Sappone

kuka / mitä / miten
holi oon / hol ɗum / no

minä

miin

sinä

ann

hän

kanŋko / kanŋko / kaɲum

me

minen

te

onon

he

kamɓe

kuka?

holi oon?

mitä / mikä?

hol ɗum?

miten?

hol no?

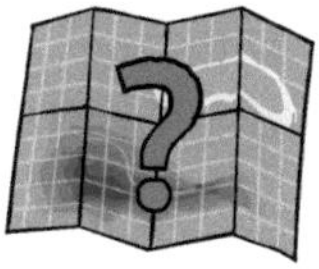

missä?

hol toon?

milloin?

mande?

HELLO, I AM

nimi

innde

missä
hol toon

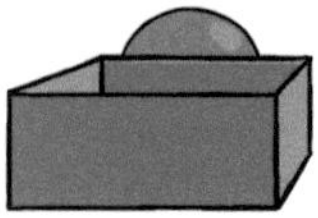

takana
caggal

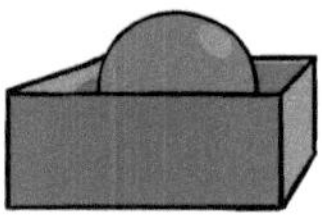

sisällä
nder

edessä
yeeso

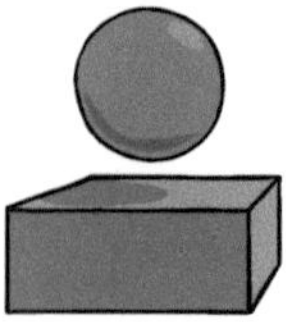

yläpuolella
hedde

päällä
dow

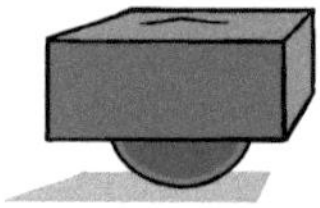

alapuolella
les

vieressä
sara

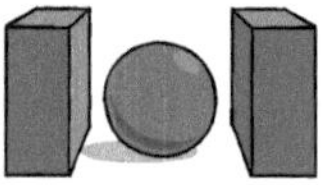

välissä
hakkunde

paikka
nokku